LE CORPS, d'abord

Christophe Dejours

LE CORPS, d'abord

Corps biologique, corps érotique et sens moral

PAYOT

INTRODUCTION

Il y a quinze ans, en 1986, je publiais *Le Corps entre biologie et psychanalyse*. Ce livre, aujourd'hui épuisé, était composé de deux parties. La première avait pour titre « Biologie et psychanalyse : la pesanteur physiologique », la seconde « Corps biologique et corps érotique : la subversion libidinale ». Dans la première partie, j'avais procédé à l'analyse comparative des lectures biologique et psychanalytique de trois questions clés : l'angoisse, la mémoire et le rêve. Il en ressortait que, sur de nombreux points, on peut retrouver des convergences fortes entre les deux approches. Par exemple, à propos de l'angoisse, on peut extraire des recherches biologiques contemporaines, notamment dans le domaine de la neurochimie et de la psychopharmacologie, des descriptions précises de troubles fonctionnels du système nerveux central qui correspondent très précisément à ce qu'en clinique phénoménologique et psychanalytique, on caractérise comme angoisse psychotique. En revanche, il est des cas où surgissent des contradictions entre les deux approches. Par exemple, à propos de la mémoire. À faire la synthèse des résultats de l'interprétation comparée, j'avais été conduit sur ces trois questions clés à conclure que, contrairement à mes attentes, *il n'y avait pas d'argument décisif en faveur d'un parallélisme bio-psychologique.* Les combinaisons entre vécu subjectif et états instantanés du corps biologique ne sont sûrement pas aléatoires, mais elles ne sont ni régulières, ni reproductibles.

L'analyse comparée des descriptions biologique et psychanalytique du corps (ou du soma) apportait une deuxième conclusion. Même lorsqu'on focalise la comparaison sur un problème limité, comme la mémoire ou le rêve, on constate que les termes de mémoire ou de rêve eux-mêmes ne renvoient dans les deux approches ni à des définitions communes, ni à des problématiques semblables, ni à des préoccupations scientifiques identiques. Par exemple, en ce qui concerne la mémoire, la biologie se préoccupe essentiellement de la réception des informations, de leur stockage, de leur stabilisation, de leur rappel, de leur évocation. Elle se préoccupe aussi beaucoup de la question de l'apprentissage. Personne ne niera que ces questions relèvent bien du champ de la mémoire. Mais la psychanalyse ne pose pas les questions de la mémoire de la même façon. Ce qui intéresse cette dernière, c'est avant tout l'oubli, l'amnésie, la déformation des souvenirs ou les traces durables d'expériences vécues qui ont des effets considérables sur la vie actuelle, alors même qu'elles ne sont ni conscientes ni mobilisables par la conscience volontaire, c'est-à-dire qu'elles sont à la fois mémorisées et oubliées.

En d'autres termes, la psychanalyse délimite un champ d'investigation spécifique différent de celui de la biologie : celui des troubles fonctionnels de la mémoire. Encore faut-il préciser que ces troubles ne sont pas considérés *a priori* comme déficitaires, mais plutôt comme une des formes majeures de concrétisation du fonctionnement psychique et de la subjectivité. Le biologiste, au contraire, lorsqu'il s'intéresse aux troubles de la mémoire, les envisage dans leur dimension instrumentale et non dans leur signification subjective.

De même, pour le rêve, l'analyse comparée entre biologie et psychanalyse montre clairement que le biologiste oriente ses investigations en direction du sommeil et de ses troubles, quand le psychanalyste, de son côté, ne s'y intéresse qu'exceptionnellement (par exemple, à propos des troubles du sommeil du nourrisson). Freud, quant à lui, s'intéresse au rêve, pas au sommeil. Le biologiste fait de l'hypnologie, le psychanalyste interprète le matériel onirique. Du point de vue phénoménal, donc, *les notions d'angoisse, de mémoire et de rêve ne renvoient pas en biologie et en psychanalyse aux mêmes objets d'investigation.*

La troisième conclusion de cette analyse comparative consistait en ceci que le corps étudié par la biologie et le corps étudié par la psychanalyse ne sont pas les mêmes. À partir de ce constat, les déductions doivent toutefois être très prudentes. Il semble bien qu'on ne puisse pas y voir seulement une différence de conceptualisation ou de lecture. La sommation des connaissances biologiques conduit à une description du corps qui correspond, nul n'en doute, à un état des choses dans le monde objectif. Est-ce à dire que les investigations psychanalytiques aboutissent à une description fictive du corps, non seulement en raison de la méthode utilisée (qui ne relève pas de l'expérimentation scientifique), mais aussi parce que cette description est souvent non congruente avec les faits dûment établis par la biologie ? Si telle était la conclusion, l'affaire serait simple ; il suffirait de renvoyer la lecture psychanalytique du corps aux conceptions obscurantistes. Une telle conclusion ne rendrait pas compte des connaissances établies par la psychanalyse sur le corps, dans des domaines où précisément la biologie est muette : le rêve, le fantasme, le désir, la souffrance, le plaisir, l'amour et, plus largement, les affects qui, incontestablement, passent par le corps et mobilisent le corps.

Force est d'admettre que la sommation des connaissances établie par la psychanalyse aboutit, elle aussi, à la description d'un corps. Mais ce corps, et c'est sans doute ce qu'il y a de plus surprenant, est différent du corps physiologique. En d'autres termes, il nous faut admettre que *nous vivons simultanément dans deux corps, respectivement le corps biologique et le corps « érotique »*.

Puisqu'en vertu de la première conclusion il n'y a pas de parallélisme entre ces deux corps, se trouve posé le problème des relations entre eux. À commencer par celles qui président à la formation du second corps. Sauf à prendre des risques ontologiques et épistémologiques considérables, il faut bien admettre que le second corps ne peut être formé qu'à partir du premier. C'est ce problème qui était spécifiquement étudié, en 1986, dans la deuxième partie de mon livre. De la première partie, je n'ai conservé ici que le chapitre consacré au rêve, parce qu'il est indispensable à la compréhension de la subversion libidinale, dont il est un des principaux maîtres d'œuvre.

La seconde partie du livre, consacrée à l'examen des conséquences de ce parcours entre biologie et psychanalyse pour la théorie psychanalytique du fonctionnement psychique, a été maintenue et remaniée. Y est formulée la conclusion qu'entre biologie et subjectivité, on ne peut établir de continuité ni de véritable articulation ; qu'il faut au contraire d'abord reconnaître une rupture. Des liens entre les fonctions physiologiques et l'économie pulsionnelle existent cependant. Mais leur forme ne serait jamais définitive. Ils seraient à reconstruire et à confirmer par chaque sujet tout au long de sa vie. Les deux corps, le corps biologique et le corps érotique, ne seraient pas que des concepts, mais correspondraient bel et bien à deux réalités distinctes. Cette distinction elle-même n'est pas une donnée naturelle établie dès la naissance. Entre les deux corps existerait un rapport d'engendrement. Le corps érotique relèverait de l'acquis et serait progressivement construit à partir du corps biologique qui, quant à lui, ressortit à l'inné. Ce livre explicite le processus grâce auquel le corps érotique se décolle progressivement du corps biologique. À ce processus, j'ai proposé de donner le nom de « subversion libidinale » (subversion libidinale des fonctions biologiques au profit de l'économie érotique). De la qualité et de la progression de ce processus dépendrait l'avènement du corps érogène, qui est aussi, dans notre perspective, l'origine de la subjectivité, le fondement de l'expérience subjective et le lieu électif où la subjectivité s'éprouve elle-même, en soi.

Si la subversion libidinale est suspendue à la qualité de la rencontre entre le corps de l'enfant et l'inconscient de l'adulte, le processus d'appropriation de cette expérience et sa sédimentation dans le corps érogène seraient entretenus par le travail du rêve. Le rêve alors se révèle non seulement comme témoin des relations entre contrainte biologique et émancipation érotique, mais comme architecte d'une œuvre. Cette dernière aboutirait à une forme – le corps érogène – dont les contours seraient spécifiques de chaque sujet. Le corps, dans sa capacité à se mobiliser d'une part, dans sa capacité à éprouver le contact de l'autre d'autre part, autant que dans ce qui limite son usage et sa sensibilité, refléterait fidèlement l'histoire des relations entre l'enfant et l'adulte. Ainsi l'architecture du corps érogène serait-elle une des formes sous laquelle l'enfance est mémorisée dans l'adulte.

Une des formes seulement, car cette histoire se réplique aussi à un autre niveau de description, plus abstrait et moins clinique que celui du corps : au niveau topique, c'est-à-dire de l'architecture de l'appareil psychique et de la formation des systèmes inconscient, préconscient et conscient.

Le parcours entre biologie et psychanalyse conduit à reconnaître une place spécifique à ce qui relève de l'inné et des dispositions instinctuelles, jusqu'au niveau de l'organisation de l'inconscient. Les dispositions instinctuelles constituent le substrat à partir duquel se déploie tout le processus de subversion libidinale. Cette dernière prélève, en quelque sorte, sur le patrimoine des comportements innés de quoi bâtir le corps érogène. Ce faisant, elle modifie le patrimoine instinctuel lui-même. Elle dénature l'homme de ses origines animales. Certains auteurs sont conduits à la conclusion que les remaniements imposés à la sphère instinctuelle sont tellement importants chez l'humain que la référence aux instincts n'a pas droit de cité dans l'anthropologie. L'humain serait totalement dénaturé. Le point de vue développé dans ce livre est différent. La subversion libidinale est un processus dont l'issue est incertaine. Elle ne peut pas toujours aller jusqu'à son terme possible, cela dépend non seulement du génie de l'enfant, mais aussi de la façon dont l'adulte traite le corps de l'enfant. Que devient alors le reste instinctuel ? Sous quelles formes survit-il dans le fonctionnement du corps, dans les relations entre les deux corps et dans la psychopathologie ? Différents aménagements sont possibles, mais dans tous les cas les impasses de la subversion libidinale se traduisent par une vulnérabilité psychique. Pour compenser cette dernière, un compromis plus ou moins stable est souvent réalisé par le truchement d'une procédure spécifique appelée *clivage*. Mais le clivage décrit par Freud sous le nom de « clivage du moi » semble se prolonger bien au-delà du moi, jusque dans l'inconscient lui-même. Reprendre ces conclusions au niveau de la description topique de l'appareil psychique mène à une formalisation que j'avais donnée en 1986 sous le nom de « troisième topique » ou « topique du clivage ».

Le chapitre sur l'analyse comparée du rêve, selon la biologie et la psychanalyse, ainsi que la présentation de la troisième topique sont repris ici dans une version remaniée. Répondant, dans une certaine mesure, aux critiques énoncées par François Dagognet dans la préface qu'il avait écrite à mon livre, j'ai ajouté un chapitre, le chapitre II : il s'agit d'une mise à l'épreuve des hypothèses formulées à propos du corps érogène dans le cas d'une patiente ayant entrepris une psychanalyse à la suite d'un cancer.

L'hypothèse de la troisième topique a été discutée par des psychanalystes dans plusieurs écoles en France et à l'étranger, ainsi que dans certaines universités où est organisé un enseignement de psychosomatique. Dans la mesure où les débats se poursuivent encore aujourd'hui sur les rapports entre inconscient et maladies du corps, on pouvait envisager de procéder à la publication du présent livre. Mais il faut tenir compte maintenant de ce que les débats suscités pendant quinze ans ont apporté à cette conception d'une topique du clivage. C'est pourquoi j'explique, dans un nouveau chapitre conclusif, le contenu et les raisons des réajustements proposés ici.

CHAPITRE PREMIER

La subversion libidinale

C'est à partir des *désordres* graves de la vie érotique qu'il est possible de proposer une reconstruction théorique de *l'ordre érotique*. L'organisation du corps érotique passe par une opération décrite par Freud dans *Trois essais sur la théorie sexuelle* sous le nom d'*étayage de la pulsion* sur la fonction physiologique. Cette opération, fondatrice de la sexualité psychique, consiste en un processus subtil : l'enfant s'efforce de montrer à ses parents que sa bouche, par exemple, ne lui sert pas uniquement d'organe voué à la fonction de nutrition. Sa bouche lui sert aussi à sucer, à embrasser, à mordre, et plus tard elle lui servira aux petits jeux de la vie sexuelle. Ce faisant, le sujet affirme une certaine indépendance de l'usage de son organe – la bouche – par rapport à sa destination primitive. Il affirme que s'il se sert de sa bouche, ce n'est pas uniquement parce qu'il a faim, mais aussi parfois pour son plaisir. Il tente de montrer qu'il n'est pas l'esclave de ses instincts et de ses besoins, qu'il n'est pas seulement un organisme animal, mais qu'il cherche à devenir sujet de son désir. Il peut même aller trop loin dans cette direction et affirmer que sa bouche ne lui sert qu'au plaisir ; il devient alors anorexique pour caricaturer son affranchissement par rapport au registre du besoin. À vouloir mépriser à ce point la pesanteur biologique, il risque bien de mourir.

On voit que l'étayage opère comme une subversion. La bouche, en servant de pivot à la subversion, peut être reconnue comme zone érogène. Certes, c'est un *organe* qui est ici convoqué et non une *fonction*. Il faut cependant bien saisir que, pour se libérer peu ou prou de la dictature d'une fonction physiologique, l'organe est un intermédiaire nécessaire : la *subversion de la fonction par la pulsion passe par l'organe.*

Freud a décrit les stades successifs de l'édification sexuelle. Tour à tour, différentes parties du corps vont servir de zones érogènes (à vrai dire, essentiellement les parties du corps qui limitent l'intérieur de l'extérieur : organe des sens, sphincters, peau et, à un bien moindre degré, viscères internes). Ces zones vont être arrachées progressivement à leurs maîtres naturels et primitifs que sont les fonctions physiologiques, pour être peu à peu subverties au profit de la construction de ce que l'on appelle le *corps érotique.* Grâce à cette édification de la sexualité psychique et du corps érotique, le sujet parvient à s'affranchir partiellement de ses fonctions physiologiques, de ses instincts, de ses comportements automatiques et réflexes, voire de ses rythmes biologiques. C'est ainsi que la sexualité humaine parvient à se jouer, dans une certaine mesure, des rythmes endocrino-métaboliques. Chez la femme, par exemple, la sexualité ne suit plus le cycle menstruel et ne s'arrête pas à la ménopause. Grâce à l'étayage, le registre du désir instaure son primat sur celui du besoin, la pulsion se dégage partiellement de l'instinct.

« Irons-nous, écrit François Dagognet, jusqu'à tenir le sujet pour un mirage ? Nullement. Mais, avec l'homme, naît un corps jusqu'ici inconnu, parce que se substitue aux mouvements réels et violents, dangereux aussi, l'esquisse des possibles. L'évolution des gestes instinctuels, la modération de l'impulsivité avide ouvre enfin le chemin à la virtualité, génératrice, à son tour, de l'onde subjectivité. Corrélativement, les besoins punitifs cèdent le pas aux jeux plus élaborés et partiellement intériorisés du désir[1]. »

Encore convient-il ici de préciser que la colonisation subversive du corps physiologique par le corps érotique a toujours un caractère inachevé, et qu'en plus des inévitables failles survenant au cours de ce développement le corps érotique est toujours à reconquérir. Sauf cas exceptionnels, la sexualité psychique et l'économie érotique sont souvent menacées de se « désétayer » et d'engendrer un mouvement contre-évolutif, dont on verra plus loin les conséquences.

L'édification du corps érotique est vraisemblablement une potentialité inscrite dans le patrimoine génétique humain. Entre cette potentialité et sa réalisation, il y a toutefois une distance qui ne peut être franchie que *grâce aux relations* qu'établit l'enfant avec ses parents. Le développement du corps érotique est le résultat d'un dialogue autour du corps et de ses fonctions qui prend appui sur les soins corporels prodigués par les parents et dont les étapes principales se jouent dans les trois à cinq premières années de vie. Le dialogue en question met donc en cause des partenaires. C'est dire que le fonctionnement psychique de la mère, ses fantasmes, sa sexualité à elle, son histoire, sa névrose infantile vont marquer de façon très singulière le

---

1. F. Dagognet, *Faces, surfaces et interfaces*, Paris, Vrin, 1982, p. 91.

dialogue qui s'instaure avec l'enfant, au point d'inscrire jusque dans la chair de ce dernier les marques de son inconscient à elle. (Je simplifie ici à l'extrême en ne citant que la mère, car le père et les relations érotiques entre les parents – c'est-à-dire l'alternance entre deux positions psychiques : celle de mère de l'enfant et celle de maîtresse du père – jouent un rôle fondamental dans l'édification psychique de l'enfant. On se reportera ici à la description de « la censure de l'amante » donnée par Denise Braunschweig et Michel Fain en 1975.)

Cette dimension du dialogue fantasmatique est fondamentale à saisir, car elle implique que l'économie érotique ne peut pas s'analyser dans une conception solipsiste. Les rencontres, les ruptures, les deuils vont de ce fait affecter l'économie érotique du sujet et cela pendant sa vie entière.

Il s'agit de savoir si la subversion érotique du corps physiologique a des conséquences en amont, c'est-à-dire sur les fonctions physiologiques elles-mêmes. La clinique psychosomatique suggère en effet que lorsque surviennent certains troubles du fonctionnement psychique, qui altèrent l'économie du corps érotique, apparaît en même temps un risque de maladie somatique. Le désétayage de la pulsion sur la fonction semble capable de faciliter une somatisation. À partir de ces constatations cliniques, on peut faire l'hypothèse que, si la subversion libidinale n'octroie pas à proprement parler un supplément de solidité au fonctionnement physiologique, en tout cas le désétayage, quant à lui, semble relativement dangereux pour la santé du corps.

Comment rendre compte de ce phénomène insolite ? La réponse est d'abord d'ordre *économique*. La subversion libidinale agirait en détournant, en dérivant une part de l'énergie inhérente aux programmes comportementaux innés, pour l'utiliser à des fins érotiques. Ce faisant, elle soulagerait en quelque sorte l'économie somatique de ses mouvements énergétiques, scandés à l'origine par les rythmes chronobiologiques.

Ordre physiologique et ordre érotique : une affaire de moulin ?

Pour imager l'impact de l'étayage subversif sur la santé du corps, je prendrai pour comparaison le travail accompli par un moulin. Une partie de l'énergie mécanique de l'eau s'écoulant dans une rivière (qui jouera ici le rôle de flux instinctuel) est dérivée par les aubes du moulin. Le mouvement de la roue produit un travail qui peut servir à fabriquer de l'huile à partir des noix ou des olives, ou bien de la farine à partir du blé. Le résultat de ce travail représenterait ici la vie érotique, tandis que le moulin représenterait l'appareil psychique. L'étayage est représenté dans cette métaphore par la roue qui tourne, dérive l'énergie et la subvertit. On retrouve ici une thèse centrale de la psychanalyse, selon laquelle la source unique de l'énergie est bien du côté des instincts, qualifiés d'instincts de conservation dans la première théorie des pulsions, et d'instincts de mort dans la seconde théorie de Freud. L'énergie libidinale (pulsion sexuelle) est prélevée sur les instincts de conservation. Malgré l'édification du moulin, la rivière reste rivière. C'est-à-dire que le corps instinctuel, le corps des grandes fonctions physiologiques, vitales, de conservation, demeure, même s'il subit certaines modifications. Il a seulement cédé une part de son énergie.

On peut facilement concevoir l'impact de cette dérivation d'énergie sur le destin de la rivière, et qu'il soit capable de soulager son lit, ses digues et l'écologie du territoire en aval (qui représente dans cette métaphore le corps physiologique), en période de crue. À l'autre extrémité, l'inertie de la roue à aubes tamponne dans une certaine mesure les effets des variations de débit (mouvements de crue et de décrue) sur l'appareil psychique et l'économie érotique, ainsi partiellement affranchie des rythmes biologiques.

Cette métaphore du moulin transformateur, dérivateur, subvertisseur d'énergie au profit de la vie mentale, permet d'introduire l'hypothèse que le bon fonctionnement de l'étayage et de l'appareil psychique, que le succès de la subversion libidinale seraient capables d'assouplir l'économie du corps physiologique en lui offrant un débouché psychique.

C'est dire que dans les rapports entre fonctionnement mental et fonctionnement biologique, *le corps tout entier* est impliqué et non pas *le seul cerveau.* Le problème des relations corps-esprit ne serait donc pas limité à celui du rapport entre pensée et cerveau comme on l'a souvent affirmé, plus fortement encore avec l'essor récent de la psychiatrie dite biologique.

Pour aider à représenter ce qu'est un processus de somatisation, on peut filer la métaphore du moulin et la préciser : le moulin représente l'appareil psychique ; le paysage rural aux alentours du fleuve représente le corps ; le lit du fleuve, les canaux d'irrigation qu'il alimente, ses bras et ses bifurcations représentent le système nerveux central ; le courant fluvial et l'énergie de l'eau représentent l'excitation qui se transmet dans le système nerveux central et qui va jusqu'aux organes. Non seulement une part de l'énergie mécanique du fleuve est dérivée, subvertie pour fabriquer l'électricité, mais en aval les données écologiques se transforment ainsi que l'agriculture, l'économie rurale, et même la géographie physique. C'est dire en quelque sorte qu'un processus essentiellement *fonctionnel* au départ – l'étayage subversif – a des conséquences qui se *matérialisent*. La géographie physique elle-même se transforme. La *subversion libidinale* conduit, à terme, à des modifications *anatomiques*. Le psychique parvient, par l'intermédiaire de l'étayage, à se cristalliser, à s'organiciser, à s'anatomiser.

Supposons maintenant que dans la vie amoureuse survienne une crise, par exemple une infidélité de l'objet d'amour conduisant à une rupture sentimentale. Dans notre métaphore, le partenaire de l'exploitant du barrage sera représenté par le client qui achète l'électricité produite. Voici que ce dernier préfère à l'électricité du barrage celle d'une centrale nucléaire, moins onéreuse.

Le barrage ne sert plus. Il est mis hors service et se détériore. Le fleuve reprend son cours primitif. Crues et décrues ne sont plus amorties. Les rythmes instinctuels reprennent le dessus. En aval, cela risque d'occasionner des catastrophes. Car la nouvelle économie agricole ne peut plus s'accommoder d'un fleuve revenu à l'état sauvage. Les dégâts vont parfois être sévères : le corps est victime d'un processus de somatisation.

Dans cette perspective, les maladies somatiques se déchiffreraient non plus comme le résultat exclusif *d'anomalies physiopathologiques*, mais éventuellement comme le résultat de processus *psychopathologiques* centrés sur la désorganisation de l'économie érotique.

CHAPITRE II

Le « choix de l'organe » en psychosomatique [1]

Par « choix de l'organe », on désigne conventionnellement en psychosomatique l'hypothèse selon laquelle la décompensation somatique ne frapperait pas l'organisme à l'aveugle, mais serait orientée sur une cible « choisie » (en fonction de motions inconscientes).

Soulever cette question risque de passer pour absurde, sinon pour insolent. Absurde, assurément, cette question l'est aux yeux des médecins et des physiopathologistes. Pour ces derniers, le point d'impact des maladies somatiques résulte de causes extérieures au sujet, c'est-à-dire étrangères à son désir, à ses intentions, à sa volonté, ou à sa responsabilité. Même dans les cas extrêmes comme les maladies associées aux conduites toxicomaniaques, la subjectivité est hors jeu : par exemple, si la volonté, le désir, la conscience, l'intention sont impliqués dans la conduite d'alcoolisation, le

1. Ce chapitre a été écrit à partir d'un article intitulé « Le choix de l'organe » et publié en 1997 dans la *Revue de psychologie clinique et projective* (n° 3, p. 3-18).

chemin physiopathologique qui conduit au foie et à la cirrhose, ou à la circulation et aux varices œsophagiennes, est totalement indépendant de l'intention du sujet.

Insolente, la question du choix de l'organe l'est aussi aux yeux de la plupart des psychosomaticiens, qui récusent en ce domaine toute incursion de la « causalité psychique », dont l'imputation n'est possible qu'en amont de la décompensation. Dans la perspective psychosomatique, la décompensation témoignerait de la faillite des possibilités représentatives et symboliques ; du débordement des capacités de liaison et de perlaboration ; de l'impasse, en d'autres termes, de la « mentalisation de l'excitation [1] ». De sorte que si la décompensation, c'est-à-dire la *crise* psychopathologique, répond à un déterminisme psychique, et si la forme somatique de la symptomatologie, plutôt que délirante ou névropathique, ressortit aussi à des déterminations psychiques, en revanche le chemin emprunté par la maladie, dans le corps, est psychiquement indifférent et ne résulte que de déterminations biologiques objectives. Dans cette conception toujours, il n'y a donc pas de choix de l'organe, ou, ce qui revient au même, le symptôme somatique et sa localisation n'ont pas de sens : « le symptôme somatique est bête », dit Michel de M'Uzan [2].

Seuls quelques analystes appartenant au dernier carré des grognards de « l'effet y'au de poêle [3] » défendent encore une causalité psychique guidée par les concaténations de signifiants. Par exemple, au sortir d'une séance d'analyse, une patiente est

1. P. Marty, *La Mentalisation*, Paris, Les Empêcheurs de Penser en Rond, 1994.

2. P. Marty, M. de M'Uzan, C. David, *L'Investigation psychosomatique*, Paris, PUF, 1963.

3. F. George, *L'Effet y'au de poêle*, Paris, Hachette, 1979.

victime de la migration d'un calcul venant obturer son canal cholédoque : c'est parce que le point culminant de ses associations concernait une décision malencontreuse, cause de bien des déboires ; la colique hépatique serait liée au « mauvais calcul » évoqué par la patiente. Ou encore, une hernie discale lombaire imposant une nucléolyse chirurgicale serait en rapport avec l'exaspération du patient qui en avait « plein le dos » de son patron. On se demande où la somatisation irait se loger si le patient avait pensé qu'il en avait « plein les bottes » : dans la semelle, ou sur les contreforts ?

Mais pour la plupart des auteurs, même ceux qui se réclament de Lacan, le déficit de sens du symptôme somatique est admis : pensée opératoire [1], gélification du signifiant [2].

Rappelons pour mémoire que cette conclusion fait suite à un long débat passionné, et au demeurant passionnant, sur les rapports entre conversion hystérique et symptôme somatique [3].

---

1. P. Marty, M. de M'Uzan, « La pensée opératoire », *Revue française de psychanalyse*, 27, 1963, p. 345-356.

2. P. Valas, « Horizons de la psychosomatique », *Analytica*, 48, 1986, p. 87-112 ; J.-A. Miller, « Quelques réflexions sur le phénomène psychosomatique », *Analytica*, 48, 1986, p. 113-126 ; J.-M. Thurin, « Psychosomatique », *Psychiatrie*, numéro spécial, 1989, p. 87-88.

3. P. Marty, M. Fain, M. de M'Uzan, C. David, « Le cas Dora et le point de vue psychosomatique », *Revue française de psychosomatique*, 32, 1968, p. 679 ; J.-P. Valabrega, *Les Théories psychosomatiques*, Paris, PUF, 1954 ; J.-P. Valabrega, « Problèmes de théorie psychosomatique », *Encyclopédie médico-chirurgicale*, 1966, 37400 C[10].

Éléments d'une théorie du choix de « l'organe »

N'est-il donc plus possible désormais de laisser seulement entrouverte la possibilité d'un débat ? Malgré ce contexte théorique, je souhaiterais reprendre cette question, non sans prendre toutefois quelques précautions.

D'une part, même si je ne crois pas que la question du choix de l'organe soit absurde, je ne crois pas pour autant que l'on puisse *démontrer* la validité d'une théorie qui prétendrait donner une réponse définitive à cette question.

D'autre part, préalablement à toute théorisation, il y a certains présupposés et certaines croyances qui forment doctrine. C'est donc au mieux à l'intérieur des limites d'un corpus doctrinal particulier que l'on peut développer une théorie du choix de l'organe. On peut ensuite soumettre cette théorie à l'épreuve de la clinique. En fin de compte, on la juge en fonction de trois critères : sa cohérence théorique avec la doctrine ; sa pertinence face à certaines situations cliniques ; ses avantages et ses inconvénients par comparaison avec la théorie de la bêtise du symptôme somatique.

C'est dire que je me range à cette idée qu'en psychanalyse, une théorie ne se démontre pas, mais s'argumente.

Les pierres d'angle de la doctrine dans laquelle s'inscrit la théorie que je vais argumenter sont les suivantes :

Premièrement, il n'existe pas de « somatisation » si par ce terme on entend la progression spatiale, associée à une succession temporelle, d'une motion passant d'un état initial psychique à un état final physique. Le concept même de somatisation (d'un conflit, d'une angoisse, etc.) implique le dualisme psychosomatique, auquel je ne souscris pas. En ce domaine, je partage plutôt le point de vue énoncé par Davidson sous le nom de « monisme anomal[1] ».

Deuxièmement, toute motion pulsionnelle est adressée à l'autre. N'étant pas purement solipsiste, elle est toujours en attente d'être reçue par l'autre, sinon comprise par lui. Il y a donc dans la motion pulsionnelle une dimension psychodynamique et expressive. Cette dimension expressive mobilise toujours le corps à son service (et pas seulement les mots). Pas d'intersubjectivité sans mobilisation des corps. À cet engagement du corps dans la dramaturgie de la motion pulsionnelle adressée à l'autre, je donne le nom d'*agir expressif*, qui récapitule, dans le registre dynamique, la thèse du monisme psychosomatique proposée par Davidson[2].

Troisièmement, je souscris en revanche au *dualisme pulsionnel* formulé par Freud entre pulsion de vie et pulsion de mort, comme deux espèces pulsionnelles radicalement différentes, même si la pulsion de vie est « dérivée[3] » de la pulsion de mort par un processus dont j'ai proposé[4] d'élargir le domaine jusqu'au corps, sous le nom de « subversion libidinale » (des déterminations biologiques).

Ces trois points se distinguent des présupposés de Marty et s'inscrivent dans un corpus doctrinal différent[5].

---

1. D. Davidson, « Mental Events », *in* L. Forster, J. W. Swanson (dir.), *Experience and Theory*, Amherst University of Massachusetts Press, 1970, p. 79-101 (trad. fr. *in* M. Neuberg (dir.), *Théorie de l'action*, Liège, Mardaga).

2. C. Dejours, « La corporéité entre psychosomatique et sciences du vivant », *in* I. Billiard, *Somatisation. Psychanalyse et sciences du vivant*, Paris, Eshel, 1994, p. 93-122.

3. J. Laplanche, *Vie et mort en psychanalyse*, Paris, Flammarion, 1970, p. 30-43.

4. C. Dejours, *Le Corps entre biologie et psychanalyse*, Paris, Payot, 1986 (épuisé).

5. C. Dejours, « Doctrine et théorie en psychosomatique », *Revue française de psychanalyse*, 7, 1995, p. 59-80.

LE CORPS : STATUT THÉORIQUE

La thèse du choix de l'organe implique la référence à la théorie de la *subversion libidinale* de la pesanteur biologique (ou encore d'une part de l'énergie des fonctions d'autoconservation) et à la thèse complémentaire de la construction du deuxième corps (ou corps érotique) à partir du corps physiologique. C'est le corps érotique qui serait mobilisé dans l'agir expressif adressé à autrui. Avec des limites à cette mobilisation qui tiennent à l'inachèvement et aux lacunes dont ce corps érotique est plus ou moins profondément meurtri. Dans cette conception, les failles du corps érotique sont héritières de l'histoire des relations entre l'enfant et ses parents. En d'autres termes, la subversion libidinale du corps physiologique, pour faire advenir le corps érotique, serait captive de la capacité des parents à *jouer* avec le corps de l'enfant sur les différents registres possibles de l'agir expressif. Jouer avec le corps, avec les fonctions du corps, cela suppose la liberté psychique et expressive des parents. Les registres sur lesquels ces derniers ne peuvent pas jouer (soit parce qu'ils sont froids, insensibles et non sollicitables, soit parce qu'ils sont trop excitables et angoissés lorsqu'ils sont invités par l'enfant sur ce terrain de jeu et qu'ils y réagissent alors par la violence) laissent des traces durables sur le corps de l'enfant. Ces dernières prennent la forme d'impotences partielles, spécifiques, à mobiliser le corps au service de l'agir expressif dans l'intersubjectivité ; ou encore elles sédimentent sous forme de limitations à l'usage de soi dans la dynamique intersubjective, dans l'expression des divers registres affectifs et érotiques.

Le registre d'usage du corps forclos du commerce intersubjectif serait donc lié à l'échec d'un processus de subversion portant sur la *fonction* et non sur l'*organe*. La notion de subversion libidinale procède d'une généralisation théorique du concept freudien d'étayage. L'étayage, dit Freud, est « étayage de la pulsion sur la fonction[1] ». Dans la subversion libidinale, ce sont aussi des fonctions qui sont engagées primordialement. Les organes ne prennent place dans la subversion libidinale qu'en tant qu'ils sont au service d'une fonction et qu'ils servent, de ce fait, de zone érogène permettant l'étayage ou la subversion libidinale.

« LE CHOIX DE LA FONCTION »

En d'autres termes, les impasses de la relation aux parents dans les jeux du corps se concrétisent dans l'échec de la subversion de certaines fonctions physiologiques qui restent sous le primat du physiologique, faute d'avoir été suffisamment subverties au profit de l'expressivité libidinale, dans l'intersubjectivité. Nous en verrons plus loin un exemple.

J'appelle « exclusion (ou proscription) de la fonction » hors de l'ordre érotique, l'échec de la subversion libidinale d'une fonction biologique. Elle se repère cliniquement par les « parésies » du corps ou par les maladresses, rigidités, inexpressivités, froideurs, raideurs et inhibitions du corps dans le commerce intersubjectif, aussi bien dans la construction des manifestations de la séduction que de la colère, de l'agressivité que de la tendresse ou de la sensibilité, aussi bien dans la motricité que dans les altérations du timbre de la voix, dans la stupeur que dans le rire, etc.

Le choix de l'organe : dans cette conception, la décompensation somatique ne cheminerait pas à l'aveugle dans le corps, mais se dirigerait élective-

1. S. Freud, *Trois essais sur la théorie sexuelle* (1905).

ment sur la fonction proscrite de l'agir expressif. C'est pourquoi je suis conduit à proposer de substituer la question du choix de la *fonction* à celle du choix de l'organe. La maladie somatique se logerait dans un ou plusieurs organes, non pas au hasard dans le corps, mais dans la stricte mesure de leur implication dans la fonction biologique exclue de la subversion libidinale.

On peut donc préciser maintenant que si « choix » inconscient il y a, ce choix concerne la fonction estampillée par les impasses psychiques parentales. L'organe n'est pas choisi directement. Par-delà la fonction érotique ou expressive visée, la fonction biologique est atteinte ; l'organe ne l'est que secondairement.

LE PROCESSUS PHYSIOPATHOLOGIQUE

Qu'en est-il du processus physiopathologique (processus inflammatoire ou vasculaire, dégénérescence cancéreuse, processus infectieux, réaction allergique, médiation neuropathologique, etc.) ? Si, par exemple, l'agir expressif du toucher ou de la caresse est proscrit du commerce intersubjectif, et si la décompensation somatique vise précisément la fonction sensorielle épicritique de la peau, cette dernière peut être atteinte par différents processus physiopathologiques : eczéma, psoriasis, cancer cutané, névrodermite, ulcération vasculaire, infection impétigineuse, etc.

Le processus physiopathologique ne serait pas choisi. Il serait dicté par le génotype. La décompensation somatique exprimerait le génotype en phénotype. Seules certaines maladies seraient possibles chez un sujet donné, à l'exclusion de certaines autres, en fonction de son idiosyncrasie, au sens génétique du terme.

DÉCOMPENSATION ET INTERSUBJECTIVITÉ

La décompensation surviendrait lorsque, dans la dynamique intersubjective, l'autre viendrait demander au sujet quelque chose qui l'obligerait à mobiliser la fonction proscrite. En résulterait chez le sujet (confronté à son impuissance, sa frigidité, sa rigidité ou sa paralysie) l'activation d'une *violence compulsive réactionnelle* (de sauvegarde contre la crainte de sentir le vide en soi) vectorisée contre l'objet fauteur de trouble, mais qui, barrée par l'inhibition, déclencherait la décompensation. (« Inhibition » doit ici être entendu au sens trivial du terme. Le processus en cause dans cette inhibition est lui-même à discuter. Il ressortirait spécifiquement à la répression – *Unterdrückung* –, sans laquelle il n'y aurait pas de décompensation somatique.)

L'inhibition jouerait ici un rôle économique important, dans la mesure où c'est elle qui déterminerait le déclenchement de la décompensation somatique. Sans l'inhibition, la décompensation aurait peut-être pris la forme clinique du passage à l'acte compulsif. L'inhibition qui suppose l'intervention du Moi agirait donc au carrefour psychopathologique entre décompensation somatique et décompensation psychopathique (ou caractérielle). C'est dans cette perspective que l'on peut tenir pour admissible l'usage d'une expression comme « choix de l'organe » (ou mieux, « choix de la fonction ») dans les décompensations somatiques.

CHOIX DE LA FONCTION ET MENTALISATION

Pour terminer ce bref récapitulatif des thèses rassemblées à l'appui de la valeur significative du symptôme somatique, ajoutons que cette théorie du choix de la fonction ne donne pas, *ipso facto*, accès à une « clé du sens des symptômes » (de la même façon qu'il n'y a pas de clé des songes). En effet, la plupart des organes ou des viscères sont impliqués dans plusieurs fonctions. Par exemple, la peau sert à protéger des infections (fonction immunitaire), à réguler la température centrale (émonctoire de la sueur), à apporter des informations sensorielles (sensibilité tactile et épicritique), etc. ; le nez sert à sentir les odeurs (olfaction), mais il est aussi une voie aérienne (respiration) ; la langue sert à informer des goûts (gustation) et à articuler des sons (parole), à déglutir (digestion), etc. La localisation du symptôme ou de la maladie sur un organe ne permet pas de remonter *directement* à la fonction biologique et, de là, au registre de l'agir expressif atrophié dont la sollicitation traumatisante est au départ de la décompensation. La signification de la localisation pathologique ne peut être obtenue que de la parole du patient, par les associations qu'il parvient à livrer à l'analyste dans le transfert, sur le registre expressif qui est sollicité et met le Moi corporel en déroute.

Que devient le concept de « mentalisation », dans cette perspective ? Il ne s'agit plus seulement des processus de liaison intrapsychique de l'excitation et du traumatisme, ni seulement de l'intériorisation, mais de la façon dont le corps (la corporéité) est engagé dans ces processus.

En amont, l'agir expressif est héritier de la subversion libidinale, qu'il récapitule et met itérativement à l'épreuve de l'intersubjectivité. Mais en aval, l'agir expressif est parfois en avance sur la formation ou la conceptualisation de l'intention (ou de la motion pulsionnelle), ou, pour le dire autrement, l'agir expressif fraye la voie à la figuration de ce qui, ultérieurement, s'offrira à l'élaboration et à la symbolisation.

C'est donc au-delà de l'agir expressif que s'achève

le processus de mentalisation en tant que symbolisation et réappropriation de l'intentionnalité. Mais, et c'est le point le plus important dans cette conception, *le processus de mentalisation part du corps* ; il est d'abord corporel.

Cancer et colère : une histoire clinique

Madame B. a soixante ans quand elle vient consulter, adressée par un confrère qui soigne le mari pour syndrome dépressif et hypocondrie. Chez cette femme, grande fumeuse, on vient de découvrir une tumeur cancéreuse du poumon. Elle est convaincue qu'elle ne survivra pas à l'opération. Mourir lui serait indifférent, si elle n'avait pas cette peur terrible ! La seule chose qu'elle regrette, c'est de ne pouvoir achever son œuvre : la fondation d'un musée.

Si quelque chose la retient à la vie, ce n'est donc pas l'amour ; ni de son mari, ni de sa fille, ni de ses proches. C'est son œuvre. Ce qui situe d'emblée la problématique psychonévrotique de cette patiente sur le terrain privilégié de la sublimation, de l'idéal et de la quête de reconnaissance dans la dynamique de l'accomplissement de soi dans le champ social, plutôt que dans le champ érotique.

De son histoire, on peut rapporter quelques éléments. D'origine juive, elle émigre en France au sortir de la guerre. Elle acquiert le statut de réfugiée, apprend le français, fait des ménages pour vivre, mais supporte mal cette condition qu'elle juge dégradante par rapport à ses espoirs d'accomplissement. Elle réussit ultérieurement une brillante carrière d'administratrice civile chargée des musées.

Elle dissimule, sans défaillance, ce qu'elle a tendance à considérer comme une tare, à savoir qu'elle est juive. D'ailleurs, elle ne se sent pas du tout juive ! Personne ne le sait autour d'elle. Pas même ses propres enfants, ce qui va être, me semble-t-il, d'une grande importance dans l'éclosion de sa maladie.

Cette femme, donc, cache d'un côté sa judéité, cependant qu'elle ne cesse de se plaindre du défaut de reconnaissance sociale dont elle serait constamment victime, en dépit de la valeur de son travail. Par ailleurs, elle est très attachée à son apparence physique, à la jeunesse de son corps, et elle vit au plus mal l'apparition de rides ou d'un surpoids. Une véritable phobie ! Une problématique, donc, où la « maladie d'idéalité » joue un rôle organisateur.

Au lieu de la reconnaissance sociale qu'elle attend, elle doit encaisser de nombreuses atteintes à son amour-propre, à son identité, dans son travail notamment, où elle n'est pas considérée à sa juste valeur et où, surtout, elle se sent blessée par le manque d'égards qu'elle serait pourtant en droit d'attendre.

Mais d'autres blessures, fréquentes, viennent par le truchement de son mari. Ce dernier ne sait pas se défendre et subit souvent des humiliations ou des injustices moins anodines que celles que subit sa femme. À chaque fois qu'il est victime d'un nouveau déboire, sa femme y réagit avec une vivacité extrême, comme s'il s'agissait d'elle-même.

Mais, par ailleurs, la relation avec son mari est ambivalente. Elle ne supporte pas bien sa présence continuelle auprès d'elle. Il est « collant », toujours aux petits soins, inquiet de la voir partir, ce qui ne l'empêche pas, lui, d'être parfois fort agressif, de ne pas toujours respecter sa femme, voire d'être tyrannique et jaloux. Elle a *besoin d'air*, dit-elle. Elle étouffe. Elle cherche à obtenir des missions pour pouvoir s'éloigner du domicile et de la situation, mais il ne supporte pas ces séparations. À défaut de parvenir à l'empêcher de partir, il se résout à l'accompagner, et empoisonne tout le voyage par sa présence pusillanime et craintive.

Se précise donc, ici, un deuxième volet de la problématique : à côté de la « maladie d'idéalité », il y a place pour une relation étroite avec son mari, doublée d'une ambivalence active.

Troisième élément de la problématique psychonévrotique de cette patiente, révélé comme le précédent après plusieurs années de psychanalyse : elle cède à de profonds mouvements de malaise, d'effondrement de « l'estime de soi », de dépression, liés de façon indiscutable à son incapacité à réagir convenablement aux situations qui la blessent. Impossibilité (par inhibition) d'exprimer convenablement ses propres sentiments d'hostilité (et de se protéger de l'agressivité d'autrui).

Pendant les années d'analyse qui suivent l'intervention chirurgicale (à laquelle non seulement elle n'a pas succombé, mais dont elle a surmonté convenablement les suites, les traitements postopératoires, radiothérapie, rééducation respiratoire, surveillance médicale), au long des trois années qui suivent, donc, où elle semble guérie de son cancer, se dégage ainsi un complexe : idéal sublimatoire – identification aux tribulations du mari – vulnérabilité extrême aux humiliations – inhibition des formes expressives des motions d'agression.

Apparemment, rien dans cette problématique ne conduit au cancer du poumon. Que vient faire cette maladie dans l'histoire de Madame B. ? N'a-t-elle aucun sens ? Ou bien s'agit-il d'une « maladie accidentelle » occasionnée par des toxiques cancérigènes en dehors de toute intentionnalité (le tabac de ses cigarettes) ?

Comment, dans quelles circonstances, le cancer a-t-il été révélé ?

Il semble bien, et la patiente en convient, qu'une fracture, en quelque sorte, s'est produite deux ans avant le cancer, qui a été suivie d'une dépression *a minima*. Il s'agit du mariage de sa fille. La fille a épousé un bel homme, mais pas facile à vivre, avec lequel elle ne s'entend d'ailleurs pas très bien, qui a une particularité essentielle pour Madame B. : issu d'une famille aristocratique, il a pour père un militant actif du Front national, de sorte que, dans les réunions de famille, sont souvent présents des membres de l'état-major de cette formation politique !

Juste retour du déni : la fille, juive sans le savoir, épouse une famille radicalement antisémite, à laquelle elle est désormais beaucoup plus liée qu'à sa famille d'origine, d'une classe sociale inférieure. Bien entendu, dans la belle-famille, Madame B. rencontre le mépris ; d'ailleurs, elle ne peut pas supporter ce milieu « franchouillard ».

Le retour de ce qui est dénié jette donc cette femme dans un désarroi qu'elle ne comprend pas bien, mais qui dure. Deux ans plus tard, un cancer du poumon est repéré à la radiographie. Quel rapport entre cette atteinte du poumon et le mariage de la fille ? Aucun, si ce n'est une « dépression ». Plusieurs années de psychanalyse vont donner d'autres clés. Au détour d'une séance, alors qu'elle parle de son mari qui l'agace, elle lâche : « Autrefois, c'était différent. Quand je ne le supportais plus, j'allumais une cigarette. Aujourd'hui, je n'en peux plus. » Elle a le fantasme de divorcer, mais ne peut pas le faire car, dans le fond, elle est trop attachée à lui.

Le mariage de la fille a eu deux conséquences psychologiques : être reprise par le cauchemar du mépris antisémite, désormais au sein de sa propre famille ; se trouver seule, dorénavant, face à son mari et à son ambivalence vis-à-vis de lui, sans présence tierce de la fille.

Dans la conception défendue ici du « choix de la fonction », ce sont les motions hostiles qui sont délétères et qui jouent le rôle principal dans les processus psychiques accompagnant les événements somatiques. On peut être plus précis : le danger n'est pas dans l'hostilité elle-même, ni dans la violence, ni dans l'agressivité. Il est fondamentalement *dans l'impossibilité de mettre en scène le drame intrapsychique* et de le manifester dans l'intersubjectivité. Le drame existe, mais sa *dramaturgie* est barrée. C'est l'agir expressif qui ne peut porter les motions hostiles.

Effectivement, cette patiente est incapable d'exprimer son hostilité et surtout d'en faire quelque chose dans la dynamique intersubjective. Totalement incapable. Et à chaque fois qu'elle refait l'expérience de cette « impuissance expressive », elle éprouve un vaste sentiment de médiocrité, de honte et de dépression. L'impuissance expressive est dangereuse, non pas tellement au plan *économique*, comme le suggère la théorie de Marty, mais au plan proprement *dynamique*. Ce n'est pas l'absence de décharge pulsionnelle qui est ici délétère. C'est qu'en absence d'agir expressif, la patiente ne peut pas se protéger efficacement de ce qui, venant de l'autre, provoque en elle sa propre hostilité. Ne pouvant éviter la sollicitation (par l'humiliation) de la « zone de sensibilité de l'inconscient » (Fain – 1981), il en résulte une hostilité excitante et délétère, dont elle ne sait que faire. Hostilité ne veut pas nécessairement dire violence agie. L'hostilité est bel et bien représentée chez cette patiente par des fantasmes. Son analyse en fournit de nombreux exemples, où elle rêve de tuer ou de faire exécuter des gens qui l'irritent. Ce qui fait défaut ici, c'est l'agir expressif de la *colère*. Comment manifeste-t-on sa colère face à autrui qui vous importune ? Quelle est la dramaturgie psychosomatique de la colère ?

À mon sens, dans nos cultures, l'expression de la colère passe par l'inhalation brusque d'air, suivie par le blocage du thorax en inspiration forcée, accompagnée d'une suspension de la parole pendant que les yeux s'injectent et le visage se colore. L'expiration, enfin, se fait brutalement, généralement terminée par une *vocifération* ou par un *cri*.

Ainsi la dramaturgie de la colère est-elle respiratoire et vocale, avant d'être motrice. L'expression de la colère adressée à autrui est à différencier de la violence physique. L'agir expressif est autre chose que l'agir compulsif. Il en est même l'opposé. L'*agir expressif*, c'est la façon dont le corps se mobilise au service de la *signification*, c'est-à-dire au service de l'acte de signifier à autrui ce que vit le « je ». Le corps accompagne la parole à laquelle il donne chair et contribue de façon décisive à accomplir le sens qui, sans la mobilisation et la participation du corps, ne serait pas le même sens.

L'agir expressif récapitule en une motion unique l'énoncé et sa dramaturgie. Il n'y a pas seulement ce qui est dit, il y a aussi la manière de le dire. Et la manière de le dire affecte ce qui est dit. La forme expressive contribue à construire le sens de ce qui est dit. À ce point que, parfois, il est possible de signifier quelque chose à quelqu'un, presque sans mot dire, par la dramaturgie corporelle seule. La colère, par exemple, peut être signifiée par le corps presque sans mot : par le corps et par le cri, par exemple.

D'autre part, l'agir expressif mobilise le corps tout entier ; pas seulement la motricité volontaire, les gestes, mimiques, gestiques, etc., mais aussi les viscères : respiration, sueurs, tremblements, tachycardie, pâleur ou érythrose, striction laryngée, sécheresse de la bouche, mydriase ou myosis, crampes épigastriques, etc.

En d'autres termes, l'agir expressif mobilise toutes les fonctions physiologiques, non plus au service de la régulation des milieux intérieurs ou de l'homéostasie, mais au profit de la mise en scène du sens, au profit de la dramaturgie.

Sans doute n'est-il pas inutile de préciser, pour finir, que l'on ne peut pas échapper sans dommage à l'obligation d'en passer par l'agir expressif. La mise en scène de la *signification* est nécessaire à l'avènement de cette dernière et à sa compréhension par autrui. De sorte que se soustraire à l'exigence dramaturgique et livrer un discours monocorde, plat, inexpressif, risque de nuire tant à sa compréhension par autrui qu'à sa puissance illocutoire. Car le corps, dans l'agir expressif, ne porte pas seulement le sens : il provoque aussi des réactions dans le corps de l'autre, il *agit* sur l'autre, auquel il s'adresse. En général, cet agir ne laisse pas l'autre indifférent, c'est-à-dire qu'il a une action sur ce dernier qui peut infléchir la dynamique intersubjective en indiquant à l'autre les limites qu'il ne faut pas franchir, les limites de tolérance émotionnelle et affective du sujet.

Eh bien, Madame B. est incapable d'esquisser cet agir expressif de la colère ! Cela, peut-être, fera sourire le lecteur. Un cancer du poumon pour une inaptitude à se mettre en colère ! N'est-ce pas un tantinet exagéré ? Ne cherche-t-on pas à renouer avec le surréalisme ? Ne s'agit-il pas seulement d'une élucubration fantaisiste ? Soutenons donc une réponse ferme face à ces suspicions. La dramaturgie de la colère est au contraire un élément déterminant de la maîtrise de la dynamique sujet-objet, et elle est irremplaçable. Si elle ne permet pas de traiter convenablement les motions violentes, le pas risque d'être franchi : la transaction se fait sans transition de la motion hostile vers le passage à l'acte. Ou bien, au contraire, le pas ne peut pas du tout être franchi en raison de l'inhibition (de l'agir expressif de la colère) qui s'intercale ici ; alors, la violence est retournée contre soi : mauvaise humeur, bouderie, autodépréciation, dépression, voire accident somatique.

Conséquence de l'inhibition de l'agir dramaturgique : l'absence de réaction apparente de Madame B. suscite chez l'autre le sadisme ou simplement la négligence à l'égard de son état psychique à elle, qu'il ne perçoit pas. Avec le risque énorme qu'il passe alors systématiquement la limite de tolérance psychique du sujet qui va de plus en plus mal. Et qui peut en tomber malade.

L'autre devient, pour Madame B., intrusif par rapport à son propre corps. On est dans le défaut de défense paranoïaque. La persécution devient effective, l'effraction de l'autre en soi devient inévitable et délétère.

Je tiens donc la structuration de l'agir expressif de la colère pour une des fonctions dialogiques nécessaires à la préservation de l'identité et de la santé mentale, et cela *chez tout un chacun*, sans exception, pas seulement chez Madame B. Faute de pouvoir mettre en scène la colère, Madame B. *allumait une cigarette*. C'est qu'en effet, lorsque la limite entre le moi et l'autre ne tient pas, ce dernier devient étouffant, il empêche de respirer. *On ne peut plus le sentir*. Alors, ou bien c'est la peau qui réagit, ou bien c'est le poumon : on transpire, on se met « à sentir mauvais », ou bien on tousse, on crache, on devient dyspnéique. Cette patiente aurait donc été une bonne candidate à une crise asthmatique, à un eczéma, ou à une autre pathologie du même genre.

Le processus physiopathologique, comme je l'ai dit, n'est pas choisi. Si l'organe, peau ou poumon, est désigné comme cible, encore faut-il avoir les prédispositions génétiques et les conditions environnementales adéquates pour faire apparaître la maladie. La patiente ne présente aucune hérédité allergique. En revanche, de nombreux cas de cancer ont touché sa famille. Elle déclenche, quant à elle, un cancer du poumon. Le choix porte sur la *fonction*, ici la fonction respiratoire, mais pas sur le *processus* physiopathologique qui dépendrait plutôt de la génétique et de l'environnement. Madame B. avait sans doute les deux conditions requises : l'une est hypothétique (elle concerne le terrain génétique propice au processus cancéreux), l'autre est certaine (le tabac).

Dans la théorie du choix de la fonction, le frayage est tracé dans les stades précoces du développement. En ce qui concerne Madame B., sur ce point, tous les éclaircissements n'ont pas été faits. Mais je sais par la remémoration de la patiente qu'elle n'a pas trouvé, dans ses relations avec ses parents, l'espace propice pour jouer, pour mettre en scène l'expression de la colère. Pour des raisons que j'ignore, ses parents eux-mêmes étaient parfaitement incapables de se mettre en colère. Mais une chose est certaine, c'est que jamais cette dimension expressive de la colère n'est encore advenue dans le travail analytique, c'est-à-dire dans le transfert. Ce qui, au bout de trois ans, est tout de même un signe. Soulignons par ailleurs que cette situation n'est pas exceptionnelle. La structuration de l'expressivité de la colère est difficile chez l'enfant. Beaucoup de parents sont totalement désemparés devant leurs chérubins en colère. Or, c'est bien de la façon dont ils jouent cette question, au long cours, avec eux, que dépend la structuration et l'usage souple de la puissance expressive de la colère chez l'adulte.

Pour achever la présentation de cette théorie du choix de la fonction, de la forclusion de la fonction, du rôle central de la compulsion (violence) et du sens des affections somatiques, je citerai un mythe bouddhique qu'en 1932 le docteur Kosawa Heisaku aurait apporté à Freud et qui « dans son intention devait faire pendant au mythe d'Œdipe », si l'on en croit Françoise Davoine et Jean-Max Gaudillière[1]. Ces derniers le reprennent à l'appui d'un travail sur la psychopathologie et le traitement des psychoses. Je leur emprunte le récit qu'ils donnent de ce mythe, tel quel, parce qu'il rassemble de façon saisissante nombre des propositions sur lesquelles est fondée la théorie du choix de la fonction dans les maladies somatiques.

« *Mythe d'Ajasé* : une reine vieillissante, soucieuse de garder le désir du roi son époux, va consulter un devin qui la conseille pour avoir enfin un enfant. On lui répond que cet enfant naîtra, et qu'il sera la réincarnation d'un sage qui vit présentement dans la forêt : la grossesse aura donc lieu après le décès de cet homme, fixé à trois ans de là. Pressée, la reine va faire promptement exécuter le sage. Elle conçoit alors effectivement un enfant. Mais le remords la saisit. Elle va essayer, une première fois, de se faire avorter. Sans succès. La grossesse arrive à terme, et un garçon naît, Ajasé. Le même remords pousse encore sa mère à le jeter du haut d'une tour. Sans plus de résultat.

« L'enfance du jeune prince est heureuse, jusqu'au moment où, naturellement, il apprend à la fois le secret de sa naissance et les deux tentatives violentes dont il a été l'objet. Il prend alors un fort ressentiment contre sa mère, et décide, à son tour, de la faire disparaître. Un sage vient le dissuader de passer à l'acte, mais la seule intention alimente dès lors son remords. Il tombe très gravement malade : convulsions, et surtout maladie de peau qui éloigne tout le monde de son corps pourrissant et malodorant. Cependant, une seule personne peut venir

1. F. Davoine, J.-M. Gaudillière, « À propos d'Amae », *Critique*, 428-429, 1983, p. 55-60.

prendre soin de lui : sa mère qui, par sa présence, lui montre qu'elle lui a pardonné. Elle le mène jusqu'à la guérison, tandis que le *happy end* fait passer l'ensemble de l'histoire aux pertes et profits des pardons mutuels où s'oublient les infanticides et les matricides. »

CHAPITRE III

Le rêve

Entre théorie biologique et théorie psychanalytique du rêve

Alors que l'angoisse est au cœur des crises et des poussées aiguës des maladies, et que les altérations durables des mécanismes impliqués dans la mémoire conduisent aux processus *chroniques* de destruction du corps, l'étude du rêve devrait permettre de dégager les règles de passage entre aigu et chronique, entre angoisse et mémoire. Mais le rêve, tout en assurant l'intégration du vécu de l'angoisse à l'expérience et à la mémoire psychique, pourrait être un moyen privilégié de conjuration, tant de l'actualisation de l'angoisse que de la dégradation des processus de mémoire.

Il est inutile de procéder ici à un rappel de la théorie psychanalytique du rêve. Celle-ci, en effet, est bien connue et n'a pas subi, à la différence de la théorie de l'angoisse ou celle de la mémoire, de modification notable depuis *L'Interprétation des rêves,* ni dans l'œuvre de Freud même, ni dans celle de ses successeurs. Résumer cette théorie reviendrait en fait à résumer la psychanalyse tout entière, ce qui n'est pas l'objet de ce livre. Côté biologie, la théorie du rêve forme également un ensemble assez bien limité et ne nécessite pas d'être extraite de données hétérogènes appartenant à plusieurs disciplines différentes. Dernier atout, la physiologie du rêve est assez récente et n'est pas sédimentée aux divers étages de la biologie, même s'il faut adjoindre aux études électroencéphalographiques celles plus récentes, mais moins cohérentes encore, de la neurochimie et de la psychopharmacologie.

Nous procéderons en commençant par une mise à l'épreuve des concepts psychanalytiques par la biologie du rêve et en poursuivant par une critique de la théorie biologique au vu de la psychanalyse.

Rappelons toutefois que, dans cette démarche, nous ne visons pas une synthèse biologico-psychanalytique de l'interprétation du rêve. L'interprétation, le décryptage du texte onirique ne peuvent en aucun cas être corroborés ou infirmés par la biologie. L'interprétation est subjective et, mieux même, intersubjective, et ne saurait être validée hors de la relation transférentielle. Ajoutons que plusieurs interprétations d'un même rêve sont toujours possibles et qu'au-delà du débat pour départager les interprétations en concurrence, il faut parfois les admettre simultanément. Cela est lié à ce que Freud appelle surdétermination ou surinterprétation[1], notion fondamentale qui confère au rêve une valeur de compromis entre différents contenus psychiques dont chacun mérite sa propre interprétation. Il n'y a donc pas d'interprétation univoque d'un rêve.

Si une discussion est possible sur le rêve, c'est entre les résultats acquis par la biologie et la théorie psychanalytique du rêve en général ; plus particuliè-

1. J. Laplanche, J.-B. Pontalis, *Vocabulaire de la psychanalyse,* article « Surinterprétation », Paris, PUF, 1967, p. 469-470.

rement, sur les inévitables implications biologiques de la métapsychologie du rêve. Plus que sur les contenus mêmes des rêves, la discussion portera ici sur le rêve en tant qu'objet mental, en tant que formation psychique et en tant que fonction au service de l'économie psychosomatique.

Les bases biologiques auxquelles Freud fait référence sont rassemblées dans le premier chapitre de *L'Interprétation des rêves*. Mais cette référence n'est qu'accessoire dans la mesure où rien dans la biologie n'ouvre à l'interprétation qui, en tout état de cause, s'inscrit plutôt comme rupture avec la démarche physiologique. Ce n'est donc pas dans cette direction qu'on trouvera de quoi critiquer les fondements de l'interprétation freudienne. En revanche, quelques notions clefs méritent d'être discutées.

« LE RÊVE EST LE GARDIEN DU SOMMEIL »

Quelle est la nécessité d'introduire cette notion dans la théorie psychanalytique du rêve ? Freud l'explique dans le chapitre VII de *L'Interprétation*. Si le rêve est la satisfaction d'un désir ou d'un vœu interdit à l'état vigile, pourquoi cette satisfaction serait-elle davantage permise dans le sommeil que dans la veille ? Bien sûr, le rêve s'accompagne d'une atténuation de la censure qui suffit à expliquer l'accomplissement de désir. Satisfaction d'un désir inconscient et angoisse liée au surgissement de ce désir interdit sont en contradiction. À l'état de veille, le Moi qui veut la tranquillité choisit d'appuyer l'interdiction et le désir reste refoulé. Si le rêve accomplit ce désir, c'est que le Moi a changé d'avis. Force est donc d'admettre qu'un élément nouveau intervient pour influencer le Moi dans le sens de l'indulgence vis-à-vis de l'inconscient. Cet élément nouveau, c'est le désir du Moi de dormir. Pour pouvoir continuer de dormir, il faut apporter une détente à la pression exercée par l'inconscient, faute de quoi il ne reste plus qu'à se réveiller. C'est ainsi que surgit le rêve, dont la fonction est précisément de donner quelque dédommagement à l'inconscient en lui accordant la satisfaction d'un désir interdit qui insiste à la porte du préconscient. En ce sens, le désir de dormir joue en faveur de la motion inconsciente. Et Freud d'avancer l'idée que le rêve est, économiquement parlant, le gardien du sommeil.

Or, cette assertion est nécessaire pour renverser la proposition fréquente en vertu de laquelle c'est le rêve qui réveille le Moi endormi. En d'autres termes, elle est homogène et donc nécessairement jointe à l'idée que le rêve va à l'encontre de l'angoisse. En effet, si le rêve accomplit un désir, c'est qu'il occasionne une diminution de tension dans l'appareil psychique, donc qu'il s'accompagne d'un affect de plaisir. Position exactement opposée au rêve comme source d'angoisse, c'est-à-dire de déplaisir. Autrement dit, l'affirmation selon laquelle le rêve réalise un vœu est indissociable de l'affirmation que le rêve doit en même temps être au service du sommeil.

Cette idée que le rêve est au service du sommeil est également fondamentale en clinique, notamment en psychosomatique. Car l'insomnie est pour l'analyste le signe d'un échec du travail du rêve et de sa fonction économique, au profit de la régression du Moi et du sommeil réparateur. Si un patient se réveille au cours du rêve, c'est que précisément le rêve a échoué dans sa fonction de compromis entre désir à satisfaire et « Moi-censure » à ne pas réveiller. Aussi le rêve apparaît-il comme une pièce fondamentale du dispositif mental normal au service de l'équilibre économique du Moi.

Remettre en cause cette fonction économique du rêve reviendrait à faire chavirer la théorie psychanalytique dans sa totalité. Or, c'est précisément ce que font explicitement certains neurophysiologistes, et notamment Michel Jouvet[1]. Son argumentation est la suivante : le rêve, qui survient pendant les phases de sommeil paradoxal, s'accompagne d'une paralysie motrice presque totale et d'une élévation importante du seuil d'éveil. Cet état biologique signifie sur le plan éco-éthologique « non-danger ». C'est donc « le moment le plus dangereux qui soit pour un animal[2] ».

Il semble que, dans cette conception, Jouvet fasse une erreur d'interprétation sur le sens de l'assertion freudienne. Ailleurs, en effet, il précise que le sommeil paradoxal ne peut être un avantage dans la sélection naturelle[3]. Si Freud affirme que le rêve est gardien du sommeil, cela ne veut pas dire que sans rêve il ne peut pas y avoir de sommeil. Jouvet a compris que Freud disait que « le sommeil paradoxal est le gardien du sommeil lent ». Or, Freud parle du rêve et non pas du sommeil paradoxal. Et l'équivalence aujourd'hui admise par la totalité des chercheurs entre rêve et sommeil paradoxal méritera précisément qu'on y revienne, car somme toute elle n'a rien d'évident.

En revanche, une autre critique peut être opposée à l'assertion freudienne. Si le rêve est gardien du sommeil, il doit pouvoir intervenir à la demande, en fonction des stimulations externes ou des stimulations endogènes qui gênent le dormeur et risquent de le réveiller. Or, cette conception du rôle du rêve est impossible, cette fois, pour des raisons en rap-

---

1. M. Jouvet, « Le comportement onirique », *Pour la science*, numéro spécial sur « Le cerveau », 1979, p. 136-153.
2. *Ibid.*, p. 152.
3. M. Jouvet, « Le rêve », *La Recherche*, numéro spécial sur « La recherche en neurobiologie », Paris, Seuil, 1977, p. 125-164.

port avec l'évolution et le désavantage considérable que cela occasionnerait pour le rêveur vis-à-vis du danger extérieur et de la sélection naturelle. En outre, la périodicité du sommeil paradoxal s'accommode très mal de la souplesse requise par la fonction de gardien qui, somme toute, ne fait sa ronde que toutes les quatre-vingt-dix minutes, quelles que soient les circonstances, semble-t-il ! De plus, après une phase de sommeil paradoxal, il existe une phase réfractaire pendant laquelle il est impossible de provoquer une nouvelle phase de sommeil paradoxal.

Dans la rubrique des sources somatiques du rêve (chap. v-3 de *L'Interprétation des rêves*), Freud affirme que le rêve peut intégrer non seulement des excitations endogènes, venues de l'inconscient, mais aussi des excitations des organes sensoriels par la douleur, le besoin de miction, la faim, la soif, le bruit du réveille-matin, etc. Cette hypothèse a été effectivement vérifiée[1] en ce qui concerne les stimulations survenant pendant les phases de sommeil paradoxal.

Enfin, Freud parle, à propos du rêve, d'un feu d'artifice et de la formation extrêmement rapide, parfois instantanée, du rêve. Or, pour les biologistes, le sommeil paradoxal, considéré comme témoin électrique de l'activité onirique, n'est pas du tout instantané, mais dure environ quatre-vingt-dix minutes par nuit !

De sorte que la conception freudienne du rêve semble tout de même devoir s'accorder difficilement avec l'allure très rigide, automatique et programmée du sommeil paradoxal telle qu'elle ressort des recherches physiologiques. Nous reviendrons sur cette contradiction après un détour par la deuxième fonction du rêve.

---

1. W. C. Dement, *Dormir, rêver*, Paris, Seuil, 1982 [*Some Must Watch While Some Must Sleep*, 1972].

« LE RÊVE EST UN ACCOMPLISSEMENT DU DÉSIR »

Cette proposition, qui est à la base même de l'interprétation des rêves, apparaît un peu contradictoire avec la signification comportementale, relativement stéréotypée, qui est attachée au sommeil paradoxal. En effet, l'une des fonctions du sommeil paradoxal serait de répéter des mécanismes intégratifs et moteurs qui sous-tendent les comportements innés ou instinctuels [1]. Ainsi, chaque nuit, ces comportements innés et stéréotypés sont-ils réactualisés, suggérant que les instincts correspondants y sont impliqués eux aussi de façon quasi inamovible. Or, cette périodicité, cette répétitivité et cette rigidité s'accordent mal avec la souplesse requise par les rêves pour accomplir des désirs dont la diversité paraît fabuleuse, à ne considérer même que les rêves présentés par Freud.

QUELQUES OBJECTIONS À LA THÉORIE BIOLOGIQUE DU RÊVE

Les objections qui vont être présentées convergent sur l'équivalence admise par la majorité des biologistes entre sommeil paradoxal et rêve. Cette équivalence repose sur les travaux de William C. Dement concernant les récits de rêves obtenus lors d'un éveil en phase de sommeil paradoxal par rapport aux réveils en sommeil profond. L'autre argument fondamental reposait sur la théorie dite du balayage [2], en vertu de laquelle les mouvements des yeux pen-

---

1. M. Jouvet, « Le comportement onirique », art. cité, p. 158 et 159.
2. H. P. Roffwarg *et al.*, « Dream Imagery : Relationship to Rapid Eye Movements of Sleep », *Arch. Gen. Psychiatry*, 7, 1962, p. 235-258.

dant le sommeil paradoxal pouvaient être reliés au contenu imagé du rêve (Jouvet).

Plusieurs réserves peuvent cependant être émises à ce propos. L'équivalence entre rêve (phénomène subjectif) et sommeil paradoxal (phénomène objectif) conservera toujours une certaine ambiguïté. D'autre part, il existe aussi des récits de rêves en cas d'éveil en phase de sommeil profond. Il semble toutefois que ces récits soient plus flous, plus abstraits et moins imagés. Et cela peut résulter soit de ce qu'effectivement les rêves sont différents, soit de ce que la mémorisation ou l'évocation sont plus difficiles après une phase profonde qu'après une phase de sommeil paradoxal, soit de ce que les processus d'altération du souvenir sont différents selon le moment du réveil. Mais ces différences ne prouvent pas de façon définitive que le rêve survienne en sommeil paradoxal.

D'autre part, le sommeil paradoxal précède ontogéniquement la possibilité même des rêves. En effet, le sommeil paradoxal existe *in utero*, juste après la naissance, et même chez des sujets aveugles ou privés artificiellement de stimulations visuelles. Dans la mesure où les rêves sont surtout imagés, en utilisant pour matériau, ainsi que Freud le précise, des résidus visuels de la veille, il semble difficile d'admettre l'équivalence entre sommeil paradoxal et production onirique.

Enfin, la théorie du balayage elle-même a été remise en cause par Jouvet[1] à partir des expériences sur des animaux ayant subi une lésion du *locus cœruleus* responsable de l'inhibition motrice et de l'atonie posturale pendant les phases de sommeil paradoxal. En effet, les comportements des chats d'expérience sont finalement tout à fait stéréotypés

1. M. Jouvet, « Le rêve », art. cité.

et identiques (toilettage, agression, poursuite, etc.), si on les observe sur une assez longue période. La proportion de ces comportements est relativement stable[1].

Enfin, les mouvements oculaires et les décharges ponto-géniculo-occipitales (PGO), qui partent d'un pacemaker pontique générateur, commencent quelques instants avant l'activité corticale du sommeil paradoxal (vingt à vingt-cinq millisecondes). De sorte que les liens entre PGO, activité corticale et balayage sont remis en cause.

On peut alors légitimement se demander si sommeil paradoxal et rêve sont effectivement simultanés et équivalents.

Notre hypothèse serait différente. Le rêve ne survient pas pendant le sommeil paradoxal. Il serait une production mentale qui surviendrait après la phase de sommeil paradoxal, pendant la période d'éveil. Le rêve serait même une activité qui consisterait à opérer une sélection dans le matériel sensoriel et moteur activé pendant le sommeil paradoxal. Ce matériel serait pour sa plus grande partie perdu pour la conscience. Le reste serait réuni par le sujet éveillé, les yeux fermés, selon une séquence construite en fonction d'un enchaînement qui n'aurait pas forcément un caractère logique. En d'autres termes, il faudrait, pour qu'un rêve soit fabriqué, que le sujet soit éveillé, mais pas suffisamment pour que la pensée logique reprenne totalement ses droits. Se constituerait ainsi une histoire onirique télescopée régie par une logique « bizarre » et « fantaisiste », suffisante pour donner un récit, c'est-à-dire une séquence verbale, mais insuffisante pour satisfaire la conscience pleinement vigile.

Une telle construction résulterait d'une tentative

1. *Ibid.*, p. 147.

par le sujet de traduire le vécu de cette différence de fonctionnement et d'activation cérébraux entre sommeil paradoxal et veille. Mais il n'y a pas d'inconvénient à envisager qu'une tension naisse aussi de la différence entre sommeil stade III ou IV et veille. Comme si entre deux régimes différents de fonctionnement cortical naissait une « différence de potentiel » vécue somatiquement. Le passage du premier régime cortical au second ferait naître une série d'expériences du corps dont la traduction subjective serait le rêve.

Le rêve serait donc la tentative de traduire mentalement ce changement d'état du corps vécu qu'occasionne le passage d'un régime d'activation à l'autre. Encore faut-il que ce passage soit respecté, c'est-à-dire que l'environnement ne vienne pas trop troubler ce moment intermédiaire entre le corps, lieu d'activité des comportements innés, et le corps, lieu de l'activité vigile maîtrisée et consciente[1].

Il faut aussi, c'est la seconde condition, que le sujet soit capable de supporter pendant un certain temps de demeurer immobile et détendu dans cet état intermédiaire, ce qui n'est pas possible pour tout le monde dans les conditions normales de la vie. Certains sujets au contraire savent retrouver cet état ou s'y complaire et rêver longtemps. Ceux-là font de longs récits de rêves, voire des récits interminables parfois.

C'est aussi pour ces raisons qu'en période de calme, de vacances ou de simple repos pour une affection saisonnière, l'activité onirique augmente beaucoup. Au point que certains sujets ne rêvent que le dimanche et pendant les vacances. On comprend

---

1. Un article récent de J.-P. Tassin apporte des arguments nouveaux à cette hypothèse : J.-P. Tassin, « Le rêve naît du réveil », *Journal des psychologues*, 173, 1999, p. 54-61.

aussi que le rêve puisse être très court (*cf.* Freud) et intégrer pourtant quelques stimulations extérieures.

Hors de ces conditions, le rêve est beaucoup plus difficile. Et en dépit d'une activité hypnique normale, y compris en sommeil paradoxal, il y a des sujets qui, effectivement, ne rêvent pas ou très rarement. La clinique psychosomatique est la première à avoir repéré cette caractéristique fondamentale du fonctionnement psychique qui confère des différences remarquables aux patients selon leur structure mentale [1]. Nous reviendrons ultérieurement sur ce point pour constater que le fait de se souvenir ou de ne pas se souvenir de ses rêves n'est pas qu'un témoin du fonctionnement psychique. C'est aussi une fonction psychique unique et irremplaçable, dont dépend étroitement l'avenir physique et psychique des patients.

FONCTION BIOLOGIQUE DU SOMMEIL PARADOXAL ET FONCTION PSYCHOSOMATIQUE DU RÊVE

Pour le biologiste, la question est de savoir quel est le rôle physiologique, non pas du rêve, mais du sommeil paradoxal. Le sommeil paradoxal jouerait un rôle dans « l'homéostasie corticale » ou un rôle de stimulation endogène, au cours de l'ontogenèse, de certaines structures nerveuses en voie de maturation. On peut même penser que le sommeil paradoxal serait responsable de l'activation d'un répertoire de montages comportementaux génétiquement programmés. Aussi faudrait-il, pour acquérir un apprentissage, à la fois une série d'interrogations pertinentes de la part de l'environnement et une série de stimulations endogènes, assurées par le sommeil

1. P. Marty, M. de M'Uzan, C. David, *L'Investigation psychosomatique*, Paris, PUF, 1963.

paradoxal. Celui-ci déclencherait une répétition des mécanismes intégratifs et moteurs qui sous-tendent les comportements innés ou instinctuels apparaissant à chaque étape du développement ontogénétique. Le rôle du sommeil paradoxal serait plus précisément de « préparer, d'organiser et de programmer les séquences motrices selon les étapes du développement historique du système nerveux, afin que celles-ci soient parfaitement au point lorsque les conditions du milieu extérieur et intérieur seront adéquates[1] ». Compte tenu de la plasticité synaptique, on pourrait concevoir que le sommeil paradoxal soit chargé de coordonner et de relier les acquisitions fonctionnelles de la veille aux programmes génétiques. Ce processus périodique endogène exciterait régulièrement les structures responsables de la reconnaissance des stimuli déclencheurs innés ou des comportements stéréotypés qui expriment les conduites innées. *Le sommeil paradoxal empêcherait ainsi l'extinction des montages comportementaux innés* qui pourraient succomber à la concurrence des comportements acquis au contact de l'environnement grâce à la plasticité remarquable des contacts synaptiques.

Il convient d'ajouter à ces considérations, qui visent essentiellement l'intégration sensori-motrice, que le sommeil paradoxal s'accompagne aussi d'un orage neurovégétatif et viscéral, et de modifications endocrino-métaboliques qui sont peut-être, elles aussi, couplées à ces ensembles comportementaux selon une préparation viscérale à ces montages comportementaux.

Si le *rêve,* et non le sommeil paradoxal, se situe dans le temps de cet état intermédiaire de conscience qui sépare ces régimes d'activation cérébrale

1. M. Jouvet, « Le comportement onirique », art. cité, p. 159.

du sommeil de ceux de la veille, on peut comprendre son rôle fondamental dans l'économie psychosomatique. Le rêve serait l'élaboration mentale, l'instrument du marquage de la mémoire *psychique* par ces rencontres périodiques avec les sources instinctuelles et les comportements sensori-moteurs et viscéraux innés. Il redoublerait, cette fois au niveau psychique, ce que le sommeil paradoxal accomplit au niveau strictement neurologique des apprentissages. Le rêve serait donc, à l'instar de l'état intermédiaire de conscience dans lequel il naît, le compromis mental entre l'expérience du corps vécu quand sont réactivés les comportements archaïques, et l'expérience du corps quand fonctionne le système préconscient-conscient.

Le rêve assurerait ainsi aux expériences de la veille qu'elles ne soient pas seulement reprises et stabilisées par le sommeil paradoxal en harmonie avec les programmes génétiques pour faire progresser les *apprentissages*, mais qu'elles soient reprises aussi au niveau proprement psychique et puissent ainsi participer à la construction de *l'histoire individuelle* du Moi. En cas d'absence de rêve, on peut postuler que cette dernière étape psychique n'est pas convenablement réalisée et que les apprentissages se poursuivent à l'insu de l'appareil psychique qui ne capitalise pas mentalement ces expériences de façon personnalisée. Cette hypothèse, selon laquelle le rêve serait une production non obligatoire et non régulière, affranchit le travail onirique de la rigidité biologique qu'implique la référence au sommeil paradoxal et à ses contenus comportementaux stéréotypés. C'est à cette condition qu'on peut comprendre la variété extraordinaire des contenus oniriques, qui exige une créativité faisant mauvais ménage avec les contraintes biologiques auxquelles on le supposait lié.

Si donc rien ne permet d'infirmer l'idée que les

chats rêvent, puisqu'ils ont du sommeil paradoxal, rien ne permet non plus de l'affirmer, d'autant plus que, sans les mots pour en faire le récit, nous ne savons pas bien si l'on a encore le droit de parler de rêve au sens psychanalytique du terme. On peut en tout cas faire l'hypothèse que le sommeil paradoxal est avant tout un phénomène somatique et que ce phénomène peut se jouer totalement en marge du fonctionnement psychique, voire de toute production onirique.

Si donc nous admettons cette fonction du rêve au profit de l'organisation du fonctionnement et de l'appareil psychiques, si nous admettons que le rêve a une fonction d'organisation psychique du corps vécu lorsqu'il va puiser à la source de son fonctionnement archaïque ontogénétique et phylogénétique, nous pourrons concevoir que le rêve soit l'intermédiaire privilégié entre le passé récent et le passé ancien, qu'il fasse la jonction entre les deux. En ce sens, le rêve est un *organisateur psychosomatique.*

Reste que ces considérations sont uniquement fondées sur ce que nous enseigne la biologie du sommeil paradoxal. Le rêve lui-même utilise ses propres moyens pour constituer l'histoire du sujet et intégrer de façon harmonieuse les événements significatifs de la veille au tissu déjà formé dans l'inconscient par l'histoire passée, dont la trame est l'histoire infantile.

Dans *L'Interprétation des rêves,* Freud décrit ces modes de travail, dans ce qu'il appelle le travail du rêve : condensation, déplacement, figuration. Le rêve utilise comme matériau les souvenirs de la veille. Il est l'occasion de l'accomplissement d'un vœu inconscient. Ainsi se met en place tout un système de circulation entre inconscient et préconscient : le vœu vient de l'inconscient. La censure est surtout l'œuvre du Moi, donc du préconscient. Le rêve constitue ainsi une des formes du retour du refoulé et, selon l'expression de Freud, est la voie d'accès royale à la connaissance de l'inconscient. S'il y a retour du refoulé, c'est qu'il y a eu préalablement refoulement. À y regarder de près, on constate que le rêve réalise en fait les deux mouvements simultanément : il permet l'issue d'un vœu inconscient, mais il assure aussi le refoulement d'un autre matériel : à savoir les pensées latentes. La mise en latence des pensées consiste à garder en suspens pendant le jour certaines idées, ou certaines pensées qui ont surgi pendant la veille : mise en suspens provisoire dans le préconscient, en attente d'un autre destin. Ces pensées latentes sont ensuite intégrées dans le rêve pour constituer le contenu latent du rêve, c'est-à-dire la partie cachée du rêve.

N'apparaît en effet dans le récit que le contenu manifeste du rêve. Ainsi le rêve fait-il passer des pensées de l'état latent à l'état inconscient. Car, hors le travail d'interprétation, ce contenu est destiné à rester inconscient et à rejoindre l'inconscient refoulé. Chaque nuit, le rêveur fait ainsi passer du préconscient un certain nombre d'idées gênantes pour le Moi dans l'inconscient. Le rêve réalise donc une opération de refoulement, il n'est pas seulement un retour du refoulé. Ce refoulement a bien pour mission de *conserver* les idées en cause. Le refoulement est conservateur, pour l'appareil psychique, même si c'est au détriment du système préconscient-conscient. On peut donc dire que le rêve, opération de refoulement, est un moyen d'enrichir l'inconscient.

On peut se poser la question de savoir quand a lieu habituellement le refoulement dans la vie psychique. Nous formulons l'hypothèse qu'à l'état vigile, il n'y a pas de refoulement, mais seulement mise en latence, et que le principal véhicule du refoulement[1] est précisément le rêve. En enrichissant l'inconscient, il élargit la mémoire psychique. Et l'on retrouve ici la formulation plusieurs fois répétée par Freud selon laquelle mémoire et conscience sont incompatibles. On pourrait opposer à cette hypothèse sur le moment du refoulement l'existence des lapsus et des actes manqués qui suggèrent qu'il y a refoulement au moment même de ce retour du refoulé. Mais l'idée qui fait retour en abusant la censure peut avoir été refoulée longtemps avant et profiter seulement d'un moment propice pour faire retour dans l'acte manqué.

La question qui découle logiquement de ce qui vient d'être dit concerne le rapport entre rêve et souvenir du rêve. Les psychosomaticiens montrent que certains sujets ne rêvent qu'exceptionnellement, tandis que d'autres sont de grands rêveurs. Les petits rêveurs seraient des caractéropathes[2], les grands rêveurs seraient des névrosés. En fait la distinction, telle quelle, est un peu schématique et ne dit rien des psychotiques, dont certains rêvent et d'autres pas. Qu'en est-il exactement ? On peut envisager trois possibilités : des sujets qui rêvent et se souviennent de leurs rêves ; des sujets qui rêvent mais ne se souviennent pas d'avoir rêvé ; et des sujets qui ne rêvent pas.

C'est surtout la deuxième catégorie de sujets qui pose le plus de questions. Pour un psychanalyste, tout matériel a potentiellement un sens et il est difficile d'admettre que se souvenir ou ne pas se souvenir d'avoir rêvé puisse n'avoir aucune signification.

---

1. Le refoulement visé ici par la discussion est le refoulement secondaire, qui doit être distingué du refoulement primaire articulé à la théorie de la séduction dont il sera question dans la conclusion de ce livre.

2. Pour la définition de ce terme, *cf.* note p. 83.

Certains biologistes ont abordé la question du souvenir des rêves[1]. Ils pensent que pour se souvenir d'un rêve, il faut le mémoriser, ce qui exige une période intermédiaire entre le sommeil paradoxal et la reprise d'activité vigile où le sujet est éveillé. Cet intervalle de temps est effectivement souvent repérable à l'électro-encéphalogramme à la suite d'une phase de sommeil paradoxal. Alors que Koulack[2] et ses collègues y voient seulement le moment de mémorisation, nous y voyons le moment même de la formation du rêve. Cela étant, il n'y a pas de contradiction avec leur théorie. Selon eux, si un rêve est oublié, c'est qu'il n'y a pas eu de transfert de la mémoire à court terme vers la mémoire à long terme et ils précisent les conditions favorables à ce transfert, notamment le respect de cet état de tranquilité intermédiaire entre les deux régimes d'activation corticale (sommeil paradoxal et veille yeux ouverts).

Entre mémoire à court terme et mémoire à long terme, il y a donc transfert et *stabilisation*. Sans cette stabilisation, l'oubli du rêve correspond à son effacement pur et simple. En revanche, une fois stabilisé, le rêve en règle est oublié dans les heures qui suivent, car c'est un groupe de représentations en rivalité avec les groupes de représentation préconscients[3]. Mais leur organisation diffère, et on peut postuler que le contenu onirique soit gênant pour le Moi, à cause de ce qu'il contient au regard d'une censure maintenant éveillée. Il est donc voué à la mise en latence et ultérieurement au refoulement.

---

1. D. R. Goodenough *et al.*, « Repression, Interference and Field Dependance as Factors in Dream Forgetting », *J. Abnorm. Psychol.*, 83, 1974, p. 32-44.

2. D. Koulack, « Rapid Eye Movements and Visual Imagery During Sleep », *Psychol. Bull.*, 78, 1972, p. 155-158.

3. S. Freud, « Conception psychanalytique des troubles visuels d'origine psychique » (1910).

Le refoulement des rêves eux-mêmes répond à la même logique que le refoulement par le rêve et, dans le travail psychanalytique, il n'est pas rare que le travail sur un rêve ramène à la surface des éléments de rêves « oubliés » de l'avant-veille.

Il arrive, à l'inverse, qu'en cours de journée un rêve revienne à la mémoire, alors qu'on le croyait perdu : c'est qu'il a été stocké, transféré dans la mémoire à long terme et qu'il a été stabilisé. La rencontre pendant la veille suivante d'une perception qui réactualise une *pensée* du rêve recrée l'association et l'évocation du rêve. Les séances d'analyse en fournissent des exemples : à défaut de refoulement des pensées du rêve, pendant la veille, le Moi éveillé peut trouver un compromis acceptable grâce à « l'élaboration secondaire ».

Cela confère donc au rêve, dont le rêveur se souvient, une fonction organisatrice fondamentale de stabilisation, que n'a pas le rêve non remémoré !

Du point de vue donc de l'économie psychosomatique, il n'est pas du tout équivalent qu'il y ait eu ou non mémorisation du rêve. Seul le rêve mémorisé témoigne d'une œuvre d'organisation et d'élargissement de l'inconscient refoulé. Et les sujets qui ne se souviennent pas de rêver sont en fait, pour le psychosomaticien, du côté des non-rêveurs.

Cela est d'une grande importance, car il n'est pas rare qu'en cours d'analyse, les patients commencent à rêver, témoignant de ce fait de la mise en route d'un processus d'organisation psychique qu'il convient de repérer et d'évaluer. Cela s'observe aussi bien avec des caractéropathes qu'avec des psychotiques. On peut même admettre que les phases les plus fécondes d'une analyse, quant à la perlaboration, se traduisent par des périodes de rêves.

Ainsi le rêve n'est-il pas seulement le témoin de l'inconscient. Il en est le constructeur. Il n'est pas seulement un matériel sur lequel l'analyste travaille, il est aussi un processus par lequel le sujet évolue. Une fois de plus, le rêve apparaît comme un processus unique qui occupe peut-être la place la plus fondamentale, au sens propre, au sein de la psychanalyse.

Dans cette perspective, on est fondé à voir dans le rêve un processus qui remanie effectivement les relations de l'angoisse à la mémoire : *le rêve, par le refoulement, construit de la mémoire* (au sens psychanalytique du terme, c'est-à-dire en enrichissant l'inconscient secondaire : mémoire inconsciente). *Le rêve, en créant de nouvelles chaînes associatives, traite l'angoisse en liant l'excitation.*

On comprendra aisément, en poursuivant un peu plus loin seulement les conséquences de ces observations, que le rêve soit au cœur même du processus de guérison.

Avant de continuer, il faut souligner un point de détail nécessaire pour les développements ultérieurs : sur quoi porte le refoulement ? Dans le rêve, ce sont des idées ou des pensées latentes qui sont refoulées. Or, dans l'œuvre de Freud règne une certaine ambiguïté sur la cible du refoulement. Il s'agit tantôt de l'affect, tantôt de la pulsion, tantôt de la représentation. À notre avis, le refoulement porte *sur le lien* qui unit deux représentations, sur la liaison elle-même, c'est-à-dire *sur la pensée.* La pensée (ou l'idée), avec sa rapidité, son surgissement inopiné, est précisément apte à mettre en relation deux représentations, créant ainsi un glissement d'investissement de la première sur la seconde et éventuellement sur les suivantes. De cette variation dans l'intensité de l'investissement naît l'affect, comme le souligne Michel Fain. La pensée (ou l'idée) est donc apte à déclencher l'affect. L'idée-association fait le lien entre les représentations et ne reste pas fixée à l'une ou l'autre d'entre elles exclusivement et de façon stable. C'est pour éviter l'affect lorsqu'il est désagréable ou dangereux pour le Moi que l'idée ou la pensée est mise en latence puis refoulée. Aussi, en l'absence de l'idée qui a été refoulée, la représentation reste-t-elle à l'abri de son évocation et l'affect ne peut-il surgir, ni mettre le Moi en danger. Une fois la pensée refoulée, on peut être induit à croire que la représentation n'étant pas évoquée par voie associative et l'affect ne surgissant pas, ils ont l'un, l'autre ou tous deux été refoulés. Il ne s'agit là que d'un effet d'optique.

Enfin, il y a des associations d'idées qui sont faites de mots (dans le processus secondaire) ou de choses (dans le processus primaire). Dans le préconscient, l'idée associe le mot à la chose ; dans l'inconscient, il n'y aurait que des idées et des pensées sans mot, circulant librement. C'est à notre avis ces pensées non verbales qui méritent la qualification de représentation de chose.

C'est sur cette base que nous allons envisager maintenant les alternatives au refoulement, concernant les idées ou les pensées que le Moi ne parvient pas à penser.

Le rêve en échec

Afin de poursuivre cette investigation sur le rêve, nous nous arrêterons sur un syndrome qui nous intéresse particulièrement dans la mesure où il concerne la pathologie du sommeil et du rêve. Il s'agit du syndrome de Gélineau, qui introduit peut-être assez bien cette hypothèse sur la fonction refoulante et organisatrice du rêve, et permet aussi d'ouvrir la discussion sur les *conséquences* psychosomatiques de l'échec de la fonction onirique.

Les neurophysiologistes qui travaillent sur le sommeil accordent depuis longtemps beaucoup d'intérêt au syndrome de Gélineau. André Bourguignon a publié sur les relations entre rêve, narcolepsie et épilepsie une étude intéressante [1]. Rappelons que les signes principaux de la narcolepsie, ou syndrome de Gélineau, se résument en une triade connue sous le nom de triade de Rechtschaffen : accès de sommeil impératifs en pleine journée ; cataplexie ; endormissement en sommeil paradoxal.

L'accès de sommeil de jour peut être déclenché par des facteurs émotionnels, ou bien par des « distractions » de « l'activité qui consiste à faire effort pour rester éveillé ». Donc, l'attaque de narcolepsie semble pouvoir être une réaction à l'activation de traces mnésiques par des stimulations venant de l'extérieur ou de l'intérieur (émotion ou fantasme). Les accès de narcolepsie durent en moyenne un quart d'heure, et le sujet en sort reposé. Un rêve est souvent rapporté à l'issue de ce sommeil, au cours duquel, à l'EEG, on trouve un rythme de sommeil paradoxal. Pendant l'accès de narcolepsie, le tonus musculaire est paralysé par inhibition de la boucle myotatique.

L'accès cataplectique peut consister en une simple chute de la tête, ou aller jusqu'à la chute complète du corps. Il s'accompagne d'une diplopie horizontale, dure de quelques secondes à une demi-heure et semble déclenché de façon réflexe par une stimulation émotionnelle. Les accès peuvent se succéder sans période réfractaire et conduire à un état de mal cataplectique. L'EEG montre cette fois un tracé de veille. C'est l'expression dissociée d'une phase de mouvements oculaires rapides (sommeil paradoxal). Il y a parfois dans ces accès des hallucinations hypnagogiques.

---

1. A. Bourguignon, « Propos sur le rêve, la cataplexie et l'épilepsie : voie motrice et voie psychique », *L'Évolution psychiatrique*, 36, 1971, p. 1-11.

Enfin, *l'endormissement,* en dehors des attaques de narcolepsie, commence à l'EEG par un tracé de sommeil paradoxal, signe qui est pathognomonique de la maladie.

À côté de cette triade, on peut observer une paralysie du réveil, des hallucinations hypnagogiques isolées, sorte de productions oniriques dissociées du contexte protecteur que réalise normalement la phase des mouvements oculaires rapides complète. Les hallucinations sont auditives, somesthésiques et parfois visuelles. La somnolence diurne gêne presque tous les narcoleptiques, jusque dans leur vie professionnelle, parfois de façon tragique. À l'opposé, la nuit est pénible en raison de l'insomnie. Le sommeil est électriquement anormal, il montre des stades I et II, et très rarement, voire jamais, de sommeil profond (stade IV). Certains narcoleptiques sont aussi sujets à des « conduites automatiques », qui consistent en des états seconds pouvant durer plusieurs heures, accompagnés d'activités qui ne sont ni contrôlées, ni mémorisées.

La maladie commence généralement entre dix et vingt ans et peut s'amender dans le troisième âge.

Au point de vue psychosomatique, le syndrome de Gélineau se caractérise par une double désynchronisation : désarticulation entre systèmes responsables de l'éveil, du sommeil et du sommeil paradoxal, et l'on peut observer des expressions dissociées de ces trois états d'activation. Mais il y a aussi une dissociation des éléments constitutifs du sommeil paradoxal puisqu'on peut voir surgir des hallucinations hypnagogiques, des mouvements oculaires rapides, et des paralysies du tonus musculaire, séparément les uns des autres. On peut se demander si le narcoleptique est un bon rêveur. Cliniquement, on constate qu'existe souvent un souvenir flou d'images, mais que les récits de rêve ne sont pas aussi fréquents qu'on pourrait s'y attendre. En revanche, dans notre expérience, et dans celle d'autres auteurs[1], les récits oniriques s'enrichissent au cours du traitement psychanalytique. On peut proposer l'hypothèse que le narcoleptique est, en tout cas, un bon producteur de sommeil paradoxal, mais pas nécessairement un bon rêveur, ce qui n'est pas surprenant si l'on tient compte de ce qui a été proposé plus haut. Quoi qu'il en soit, une production onirique peut suivre les attaques narcoleptiques. C'est ce qui suggère à Vogel que les représentations et les fantasmes refusés dans le système conscient déclenchent une attaque de sommeil diurne et signifieraient un prolongement du retrait et de la dissociation. Le sommeil rendrait possible une régression inaccessible par d'autres moyens au narcoleptique, qui apporterait en même temps l'occasion d'une satisfaction hallucinatoire. Et Vogel propose : « Les sujets normaux rêvent pour protéger leur sommeil, les narcoleptiques dorment pour rêver[2] », dans une formulation analogue à « manger pour vivre ou vivre pour manger ».

Si le sommeil paradoxal est le moment de récurrence des comportements innés, le syndrome de Gélineau signerait un rappel plus fréquent des comportements innés, comme si leur intégration était difficile au niveau du système préconscient-conscient, notamment dans leur expression fantasmatique. En réponse à des stimulations de ces comportements archaïques, le narcoleptique risquerait de déclencher leur actualisation dans la réalité.

---

1. A. Missriegler, résumé *in* B. Krapman, « On the Psychogenesis of Narcolepsy. Report of a Case Cured by Psychoanalysis », *J. Nerv. Ment. Dis.*, 93, 1941, p. 141-162 ; G. Vogel, « Studies in Psychophysiology of Dreams », *Arch. Gen. Psychiatry*, 3, 1960, p. 421-428.

2. G. Vogel, « Studies in Psychophysiology of Dreams », art cité, p. 427.

C'est en tout cas ce que suggèrent les comportements automatiques, sortes de crises psychomotrices et de passages à l'acte. D. Roche et ses collègues signalent un patient « qui tenta à deux reprises d'éliminer sa femme au cours d'épisodes qui, pour être automatiques, n'étaient pas dépourvus de motivation [1] ». L'attaque de narcolepsie correspondrait dans cette perspective à un compromis entre une motion pulsionnelle et son interdiction. Peut-on alors la considérer comme un symptôme au sens psychanalytique qui est précisément d'être un compromis entre désir et interdit, à l'instar d'une conversion hystérique par exemple ? En fait, la narcolepsie n'est pas inscrite dans la continuité symbolique. De plus, elle a un caractère stéréotypé et se montre à même d'être convoquée pour de nombreux usages, en réponse à des stimulations très variées. En sorte que la narcolepsie n'est tout de même pas du même ordre que la conversion hystérique. C'est une somatisation. Somatisation qui atteint le fonctionnement du système nerveux central et non le système nerveux périphérique. Somatisation qui, en lutte avec l'actualisation des comportements innés et les passages à l'acte, est aussi proche des processus psychotiques, comme le suggèrent d'ailleurs Broch et Wiesel qui rapportent le cas d'une narcoleptique ayant décompensé sur un mode franchement psychotique [2].

RÊVE, SYNDROME DE GÉLINEAU ET ÉPILEPSIE

Là où le biologiste et le neurologue voient surtout une compétition entre divers systèmes de contrôle

---

1. D. Roche, B. Blonlac, J.-C. Vincent, « La narcolepsie », *Confrontations psychiatriques*, 15, 1977, p. 173-192.
2. S. Broch, B. Wiesel, « The Narcoleptic-Cataplectic Syndrom », *J. Nerv. Ment. Dis.*, 94, 1941, p. 759-764.

de l'activité cérébrale (système d'éveil, système de sommeil et système paradoxal), le psychanalyste est surtout intéressé par le sort réservé dans le syndrome de Gélineau aux formations de l'inconscient. Le rôle de la réalité extérieure et des perceptions semble beaucoup moins important dans cette affection que dans les crises comitiales, comme on va le voir. Sur la base de nos observations et de l'étude de la littérature psychanalytique sur ce thème, il semble bien que l'attaque de narcolepsie soit déclenchée en réponse à quelque chose qui vient de l'intérieur du sujet et non pas de l'extérieur. C'est lorsque surgit une *idée,* une pensée inacceptable pour le Moi, que le sujet plonge dans l'attaque narcoleptique. Le déclenchement d'une phase paradoxale et la perte de conscience concomitante sont suivis éventuellement d'un rêve où l'idée intolérable trouve peut-être un destin onirique. Tout se passe *comme si c'était la mise en latence qui était impossible pour le narcoleptique.* L'idée à refouler doit l'être immédiatement et exige, pour ce faire, un rêve non moins immédiatement. Le narcoleptique dort pour rêver au lieu de rêver pour continuer de dormir. Le rêve travaille donc davantage au service du Moi éveillé que du Moi endormi. Détournement insolite de l'activité onirique qui signe l'inaptitude du préconscient à maintenir les pensées en latence.

À côté des attaques de narcolepsie, les attaques de cataplexie sont indubitablement associées à des poussées d'agression qu'elles interrompent brutalement par la paralysie motrice. On retrouve ici, dans cette réaction, quelque chose de commun à de nombreuses somatisations de la violence. Il en est ainsi de l'hypertension artérielle essentielle, de l'asthme et de l'épilepsie. Un de nos patients était tour à tour atteint de syndrome de Gélineau, d'asthme et d'hypertension artérielle en fonction des traitements qu'on instaurait. Quant à l'épilepsie, elle est très proche de l'attaque cataplectique, ainsi que l'attestent d'ailleurs les formes de passage que représentent les conduites automatiques *(cf. supra)*.

Pourtant, l'existence de la narcolepsie à côté de la cataplexie atteste que la décharge motrice comitiale, ou son inhibition dans la cataplexie, n'est pas l'unique exutoire économique et qu'existe par ailleurs une valeur fonctionnelle pour le refoulement et le rêve. En cela, la maladie de Gélineau s'inscrit dans la nosographie psychosomatique comme l'intermédiaire entre le fonctionnement névrotique mentalisé et l'épilepsie.

Si la narcolepsie vise avant tout la pensée, les productions idéiques et les associations mentales, la cataplexie en revanche s'apparente à l'épilepsie cliniquement, sinon électriquement. Dans l'épilepsie, la somatisation vise non plus *l'idée* mais la *perception* elle-même, c'est-à-dire la reprise consciente d'une sensation provoquée par la rencontre avec une situation extérieure. Tous les auteurs s'accordent pour attribuer à la rencontre perceptive un rôle important dans le déclenchement de la crise comitiale [1]. Or, ce point est fondamental à apprécier dans sa signification métapsychologique, dans la mesure où il relativise beaucoup la notion de structure mentale spécifique de l'épileptique. Beaucoup d'arguments, en effet, plaident contre la notion de structure épileptique, en dépit des travaux de Minkowska [2] et de

1. S. Consoli, « Relation spéculaire et comitialité », *L'Évolution psychiatrique*, 42, 1977, p. 63-71 ; C. Guedeney, D. Kipman, « Contribution psychiatrique et psychanalytique à l'étude des premières manifestations de l'épilepsie essentielle chez l'enfant », *in* R. Bouchard *et al.*, *L'Épilepsie essentielle de l'enfant*, Paris, PUF, 1975, p. 75-152 ; E. Kretschmer, W. Enke, *Die Persönlichkeit der Athletiker*, Leipzig, Thieme, 1936.

2. F. Minkowska, « La constitution épileptoïde et le trouble

Kretschmer[1]. On ne peut en tout cas opposer, à l'instar des maladies somatiques chroniques, l'épilepsie à la névrose ou à la psychose. Beaucoup de psychotiques convulsent, beaucoup d'épileptiques sont psychotiques, et même n'importe quel névrosé dans certaines conditions environnementales peut faire une crise généralisée. Ajuriaguerra, de même, revient sur ses premières conclusions concernant les « mentalités épileptiques[2] ». Kardiner enfin et les Anglo-Saxons ont aujourd'hui complètement rejeté la thèse de la constitution épileptique et insistent davantage sur les facteurs ambiants.

Les trois traits les plus significatifs de l'épilepsie sont peut-être les suivants : l'épilepsie conduit à une décharge motrice ; la crise aboutit à l'effacement d'une perception (amnésie) ; la crise survient en réponse à la stimulation du potentiel de violence non représenté.

Reste qu'en l'absence d'un terrain ou d'une structure spécifiques de l'épilepsie, la comitialité signe tout de même un mode réactionnel très particulier, même s'il est occasionnel. Si l'épilepsie n'est pas une maladie, peut-on considérer la crise comme un symptôme (au sens psychanalytique) ? C'est certainement dans ce sens que va l'opinion de Freud, qui considère l'épilepsie comme un symptôme très proche de la conversion et de l'hystérie. Pourtant, comme le soulignent Bouchard et ses collègues[3], la crise d'hystérie est toujours inconsciemment des-

générateur de l'épilepsie essentielle », *L'Évolution psychiatrique*, 5, 1932, p. 69-79.

1. E. Kretschmer, W. Enke, *Die Persönlichkeit der Athletiker*, *op. cit.*

2. J. de Ajuriaguerra, R. Diatkine, J. Garcia-Badaracco, « Psychanalyse et neurobiologie », *Psychanalyse aujourd'hui*, 2, 1956, p. 437-498.

3. R. Bouchard *et al.*, *L'Épilepsie essentielle de l'enfant*, Paris, PUF, 1975.

tinée à autrui, alors que dans la crise convulsive, il y a rupture de la relation dans la décharge égocentrée et aveugle.

À notre avis, compte tenu de toutes ces remarques, la crise comitiale n'est pas une maladie, elle n'est pas un symptôme non plus : elle est *une réaction aiguë,* somatisation brutale qui s'achève dans la décharge motrice et l'effacement de la trace mnésique. La réaction épileptique n'est pas une construction comme l'est le symptôme. Elle est plutôt une *déconstruction* et une désintrication, ainsi que le dit Freud[1].

Il semble bien que la crise soit déclenchée par la rencontre inopinée avec une réalité perceptible qui ne peut être prise en charge par le préconscient. Cela suppose que la perception en question ne peut être relayée et qu'elle heurte directement la zone sensible de l'ICs non refoulé. Cette zone recouverte jusque-là par un déni de perception se trouve en quelque sorte activée directement par la rencontre avec la réalité qui a fait effraction à travers la barrière du déni. Cette situation n'est pas propre à l'épilepsie. Elle préside à toutes les crises somatiques. Ce qui est propre à l'épilepsie, c'est l'effacement qu'elle opère de la trace mnésique de la perception d'une part et la décharge de l'excitation traumatique dans la musculature striée et non pas dans les viscères (dans la crise de Grand Mal du moins).

À ce titre, la crise épileptique signe un couplage entre perception et motricité qui protège d'autant le corps viscéral. De plus, la crise est généralement sans conséquence neurologique durable, ce qui met l'épilepsie dans une position un peu à part parmi les somatisations, ainsi que le souligne T. Neyraut-Suttermann, qui voit dans cette affection la clé de

1. *Cf. ibid.*, p. 140 et 142.

la psychosomatique[1]. L'épilepsie serait à la psychosomatique ce que l'hystérie est à la psychanalyse des névroses. Le fait est qu'en s'attaquant de cette façon très particulière à la perception, l'épilepsie se distingue très nettement et de la névrose et de la psychose. Dans la névrose, c'est la représentation et non la perception qui est l'objet du délit. En revanche, dans la psychose, la perception déniée est aussi rejetée ou forclose ; elle est mise hors topique, certes, mais elle n'est pas effacée. Seule l'épilepsie et, après elle, les autres maladies somatiques attaquent en deçà du représenté, au niveau du perçu. Les autres maladies somatiques attaquent même avant la perception et procèdent par répression *(Unterdrückung)*. L'épilepsie respecterait au moins un instant la perception et l'effacerait dans un deuxième temps, ce qui la rend tout de même moins inaccessible que dans les autres somatisations. Cette particularité de l'épilepsie conduit même à la repérer comme un progrès parfois dans le cursus d'une maladie somatique, dans la mesure où elle témoigne d'un assouplissement du déni et d'un rapprochement par rapport à la perception jusque-là refusée. La survenue de crises épileptiques chez certains malades gravement atteints somatiquement et mentalement s'inscrit même quelquefois comme une porte qui s'ouvre vers le processus de symbolisation[2]. On pourrait objecter à cette thèse de la fonction d'effacement de la perception par la crise comitiale, la survenue de crises nocturnes. La crise

1. T. Neyraut-Sutterman, *À propos de la psychanalyse d'un cas d'épilepsie. Mémoire de candidature à la Société psychanalytique de Paris*, texte ronéo, 1977.

2. C. Dejours, « Symbolizing Somatizations », *in* A. Krakowski, C. Kimball, *Psychosomatic Medecine. Theoretical, Clinical and Transcultural Aspects*, New York, Plenum Publishing Corporation, 1983, p. 439-446.

nocturne pourrait être chargée d'effacer la perception du contenu formel du rêve. De fait, on constate bien que la crise nocturne survient en général après une phase de sommeil paradoxal[1].

La crise comitiale peut donc ouvrir la voie à l'effacement des perceptions et être au service du déni. Mais la crise peut aussi être à l'origine d'un processus de symbolisation. Il semble que l'une ou l'autre issue de la crise dépende étroitement de la réponse qui lui est donnée par l'entourage. La psychothérapie pourrait à cet égard privilégier l'utilisation de l'épilepsie au profit de la symbolisation et non du déni. En fait, l'épilepsie peut aussi se mettre au service non seulement du déni, mais prendre place dans l'économie de la psychose. En effaçant la perception, la crise évite la forclusion psychotique et son retour sous forme hallucinatoire. L'épilepsie s'inscrit alors comme lutte contre le vécu psychotique. À ce titre, l'épilepsie est bien un carrefour fondamental entre les différentes modalités de défense contre des perceptions intolérables pour le Moi.

On peut proposer à partir de ces remarques une série psychopathologique : le névrosé, face à une perception gênante pour le Moi, met en latence les idées et les associations que font naître en lui cette perception. La perception servira pendant la nuit de reste diurne pour imager les pensées que le rêve se charge de refouler au profit de l'inconscient dynamique. La narcolepsie est une surutilisation du rêve mise au profit du refoulement qui ne peut s'opérer normalement pendant le rêve nocturne, faute de capacité du sujet à mettre les pensées en latence.

1. J. Brancart, M. Talairach, M. Brodas-Ferres, J.-L. Aubert, H. Marchand, « Les Crises épileptiques au cours du sommeil de la nuit », in *Le Sommeil de nuit normal et pathologique*, Paris, Masson, 1965, p. 255-274.

La narcolepsie signe donc une défaillance du préconscient, mais témoigne quand même de l'aptitude au refoulement. La crise comitiale, en revanche, en effaçant la perception, entre en concurrence avec le rêve et remplace le refoulement qui n'aura pas lieu. La perception est perdue pour l'inconscient et pour le travail de constitution de la représentation. Les maladies somatiques chroniques, elles, fonctionnent par la répression en deçà de la représentation et de la perception elle-même, et signent une perte plus grave pour l'inconscient et l'histoire du sujet. Enfin, pour achever cette série, il faut faire une place au passage à l'acte. C'est la réponse non médiatisée à une perception intolérable et traumatique, par une action dans la réalité qui vise la destruction directe de l'objet de perception lui-même.

Le rêve, l'attaque de narcolepsie, la crise comitiale, l'hallucination et le passage à l'acte sont des modalités réactionnelles destinées à répondre au coup par coup à une perception douloureuse pour le Moi et s'inscrivent davantage comme des réactions de défense que comme des structures.

Entre rêve et orgasme : le corps érotique et la sexualité psychique

L'étude du rêve, de ses formes pathologiques, et de son absence totale parfois chez certains patients (psychotiques ou caractéropathes), conduit à accorder à la vie onirique une fonction cruciale dans les processus dynamiques, topiques et économiques. Au-delà, le rêve apparaît comme l'artisan fondamental de la santé. Il n'est pas seulement la voie royale d'accès à la connaissance de l'inconscient. Il est une fonction organisatrice de l'inconscient et de la structuration de l'appareil psychique. Aussi est-on amené à poser que le rêve a toujours un pouvoir thérapeutique. Au point qu'on peut y voir le moyen prodigieux de la guérison au quotidien. Tout surgissement de rêve au cours d'une psychothérapie ou d'une psychanalyse doit être considéré non seulement pour le matériel psychique qu'il offre au psychanalyste, mais pour le témoin qu'il est d'une activité psychique en mouvement et structurante pour le sujet. Le rêve est le moyen de l'évolution psychique.

À la fin de ce périple sur les rapports entre fonctionnement psychique et ordre biologique, on ne peut pas passer sous silence un aspect bien insolite de la vie sexuelle au regard du travail du rêve, à savoir les relations sexuelles elles-mêmes et l'orgasme en particulier. En effet, *qu'est-ce que l'orgasme, sinon une somatisation exemplaire de l'excitation ?* À partir d'un désir érotique adressé à l'objet d'amour, c'est-à-dire à partir du point organisateur du fonctionnement psychique, le rapport sexuel conduit à une décharge qui ne s'épuise pas dans la sphère de la motricité volontaire, mais bel et bien dans la sphère viscérale impliquant les muscles lisses, les régulations endocriniennes et le système cardiovasculaire ! Il y a là un paradoxe étonnant pour le psychosomaticien. L'horizon de l'économie érotique ne serait-il en fin de compte que de somatiser ? Avant de conclure, on aura là au moins une preuve que les somatisations ne sont pas toujours néfastes pour l'économie de l'organisme. (Cela est vrai de beaucoup de somatisations.)

On peut en effet considérer que l'orgasme est le point d'aboutissement d'un processus assez long mentalement, processus semé d'embûches, qui d'ailleurs ne s'achève souvent pas chez le névrosé lorsqu'il souffre d'impuissance ou de frigidité. Pour aborder cette question, on pourrait s'attarder dans un premier temps sur les formes pathologiques de la sexualité. De la sexualité et non de l'orgasme. La différence est importante car, s'il existe des sexualités pathologiques, elles n'impliquent pas l'absence d'orgasme, et à l'inverse on est en droit de postuler, ce qui est pour le moins paradoxal, qu'il existe des sexualités non pathologiques sans orgasme. Il y a donc une indépendance relative entre orgasme et sexualité. À tout bien considérer d'ailleurs, la psychanalyse, sauf sous la plume de Reich, parle peu de l'orgasme. Elle s'intéresse plutôt à ce qui l'en empêche chez certains névrosés. L'orgasme, c'est vrai, apparaît comme porté par un montage physiologique réflexe qui n'a plus besoin d'un appoint mental quelconque pour advenir. Et lorsque l'orgasme est impossible, c'est qu'il existe une lésion organique (d'origine vasculaire, nerveuse ou endocrinienne) et cela ne relève guère de l'investigation psychanalytique (mais peut-être de l'investigation psychosomatique) ; ou c'est que l'orgasme est impossible, pour des raisons psychiques, sans substrat somatique décelable, et alors la sexualité psychique s'inscrit comme un obstacle à la décharge orgastique.

La sexualité du névrosé est plus compliquée parce qu'elle passe par la constitution d'un corps érotique, bien différent du corps biologique[1]. Ce corps érotique est l'aboutissement d'une série d'étayages grâce auxquels la sexualité psychique, développée plus de dix ans avant la maturité gonadique, investit successivement les différents organes du corps qui marquent la limite entre le corps propre et l'extérieur : peau, bouche, anus, organes sensoriels. En même temps que le corps est ainsi transformé au contact de la sexualité psychique, la sexualité elle-

---

1. C. Dejours, « Avant-propos », *in* M. Fain, C. Dejours, *Corps malade et corps érotique*, Paris, Masson, 1984, p. VII-XIV.

même se transforme, se colore, se personnalise et s'érotise. Cet étayage ne vise pas tant la constitution de la sexualité en tant que telle, car elle est plutôt héritière des relations avec les parents [1], de la curiosité de l'enfant vis-à-vis de ce que font ensemble ses parents quand il n'est pas là, de son intérêt pour la scène primitive, des réponses et des non-dits des parents quant à leur propre sexualité, et des théories sexuelles que l'enfant élabore sur ces bases. Cet étayage vise plutôt le corps, la transformation du corps, l'usage du corps, disons le « deuxième usage » du corps : le corps du désir, le corps du plaisir, le corps érogène, qui vient doubler le corps fonctionnel de l'assimilation et de l'élimination, le corps de l'homéostasie.

Or, cet étayage n'est pas nécessairement réussi à toutes ses étapes. Dans ce cas, les programmes endocrinien et comportemental s'actualisent à la puberté indépendamment de la sexualité psychique inachevée. Le corps de cette sexualité, rythmé par les seuls cycles endocrinométaboliques, n'en fonctionne pas moins correctement, bien que de façon compulsive et automatique.

À l'inverse, lorsque la sexualité psychique est évoluée, elle subvertit cette sexualité automatique et le corps érotique vient doubler le corps viscéral. Avec plus ou moins de bonheur d'ailleurs, comme le montre toute la pathologie psychonévrotique. Car le contre-investissement de la sexualité viscérale par la sexualité psychique est délicat et l'intrication n'est pas toujours très solide. Le névrosé qui a pris le parti en quelque sorte du corps érotique contre le jeu automatique de son corps viscéral, ou, mieux, qui a décidé de ne laisser parler ce corps viscéral qu'au

---

1. R. Dorey, « Le lien d'engendrement », *Nouvelle Revue de Psychanalyse*, 28, 1983, p. 209-228.

profit de son corps érotique, se trouve souvent en difficulté, du fait de la contradiction interminable entre forces instinctuelles et vie pulsionnelle. La sexualité névrotique, même lorsqu'elle ne mène pas à l'orgasme, affranchit le sujet des rythmes biologiques naturels, sans les réprimer pour autant. Mais le cours du désir et de la relation à l'objet impose son rythme qui n'est assurément pas celui de la sexualité viscérale.

Contrairement à ce que certains croient, l'indépendance frappante de l'homme par rapport à sa sexualité endocrine qui, non seulement lui permet de résister aux poussées instinctuelles, mais à l'inverse aussi l'autorise à des relations sexuelles et à des orgasmes hors de la fécondité jusque dans la vieillesse, n'est pas un signe de « dégénérescence » ou de coupure d'avec les racines naturelles de l'Homme. Au contraire, elle signe plutôt une domestication du corps sous le primat de l'érotisme, qui débouche sur un enrichissement considérable de la vie sexuelle par rapport à la sexualité animale.

Quelle est alors la place de l'orgasme dans la sexualité psychique ? N'est-elle qu'un résidu accessoire de la sexualité animale, qu'il s'agirait pour certains de combattre toujours, comme dans la vie monastique, ou qu'il s'agirait au contraire de tolérer pour la détente qu'elle apporte dans une démarche strictement hygiénique ? Que l'orgasme soit effectivement une potentialité hautement organique ne suppose pas pour autant qu'il soit sans valeur fonctionnelle pour la sexualité psychique et pour le fonctionnement mental, nonobstant sa valeur fonctionnelle pour l'économie du corps physiologique.

En effet, l'orgasme, lorsqu'il achève un acte sexuel effectivement sous-tendu par une relation objectale, suppose l'accomplissement d'un cycle qui, parti de la vie mentale, s'épuise dans un réflexe neurovégétatif. C'est donc à l'évidence toute l'économie psychosomatique qui est engagée dans l'acte sexuel. Pour schématiser les choses, on peut dire qu'à l'origine de l'acte sexuel, il y a un montage fantasmatique, des représentations mentales, des pensées et des idées qui, à la différence de ce qui se passe pour le rêve, ne sont pas mises en latence et ensuite refoulées, mais sont mises en latence puis subissent une régression non pas formelle, mais topique vers la sensori-motricité, jusqu'à s'évanouir dans l'orgasme.

L'orgasme est donc très exactement au pôle opposé du rêve. Là où le travail du rêve opère par refoulement conservateur, l'orgasme opère par dissolution de la pensée latente en excitation.

On conçoit aisément à partir de là que ce processus soit vécu dangereusement par le sujet dont le corps érotique n'est pas suffisamment stable, c'est-à-dire dont les étayages sont fragiles. Car avec l'orgasme, le risque est celui d'une déconstruction de la sexualité psychique que le Moi craint de voir voler en éclats. L'angoisse est alors le résultat de l'acte sexuel, que le sujet cherche à éviter en devenant précisément inapte à l'orgasme, impuissant, frigide ou abstinent.

Effectivement, il y a là un risque pour le névrosé, risque qu'il prend là où celui qui clive sa sexualité de ses relations objectales ne prend aucun risque. Il est certain que ce que Freud[1] décrit dans la vie amoureuse de beaucoup d'hommes, sur le clivage de l'objet sexuel, est un « arrangement » avec la sexualité psychique, qui laisse celle-ci à l'abri des à-coups et des risques pour le Moi d'une déconstruction de la vie objectale.

Ces considérations conduisent à envisager une véritable alternance entre rêve et orgasme. L'acte sexuel orgastique serait en quelque sorte une déconstruction, ou du moins une procédure inverse de celle du rêve, qui alternerait avec lui périodi-

1. S. Freud, « D'un type particulier de choix objectal chez l'Homme » (1910).

quement. Au point qu'*on peut légitimement se demander si toute la vie psychique n'évolue pas entre ces deux pôles* : l'un de construction de l'inconscient refoulé (par le rêve), l'autre de déconstruction (par l'orgasme). Dans cette perspective, l'orgasme viendrait remanier les résultats du travail du rêve, de même que le rêve viendrait reprendre le sujet au point où il en est après la déconstruction opérée par l'acte sexuel orgastique. Le corps comme lieu du désir érotique, et comme lieu de l'excitation sexuelle, serait ainsi l'enjeu des remaniements alternatifs du rêve et de l'orgasme.

Cette perspective sur l'économie psychosomatique et, dans une certaine mesure, sur la santé, si cela a un sens, suggère que le renoncement aux relations sexuelles n'est probablement pas le signe d'un fonctionnement mental particulièrement souple. Il indiquerait plutôt un manque de stabilité, en tout cas une certaine rigidité du fonctionnement psychique qui n'ose se soumettre à l'épreuve du plaisir du corps, de peur de s'y perdre et de menacer du même coup l'équilibre psychique et la cohésion du Moi.

En tout état de cause, l'orgasme considéré isolément n'a donc aucune signification psychopathologique. C'est ce qui suggère une certaine réserve tant vis-à-vis de la conception médicale de la sexualité que vis-à-vis de celle du comportementalisme et de la sexologie. L'orgasme est possible dans le clivage à distance de la sexualité psychique, comme chez la plupart des pervers, et peut être signe d'une organisation mentale pathologique. L'abstinence, même sans impuissance orgastique, peut tout autant témoigner d'une organisation mentale pathologique. C'est la concordance seule de la sexualité psychique avec l'acte sexuel orgastique qui signe une organisation mentale stable et une souplesse des investissements objectaux, évoluant périodiquement entre la construction onirique et la déconstruction orgastique.

CHAPITRE IV

La troisième topique

Les modèles topiques dans la théorie de Freud

Freud insiste sur la nécessité, pour rendre compte des phénomènes psychiques, de les déchiffrer à trois niveaux : dynamique, topique et économique.

Le niveau dynamique, c'est-à-dire celui qui permet de déchiffrer le discours du patient en termes de conflits psychiques, est celui auquel donne accès le névrosé qui entreprend une psychanalyse. Les psychanalystes qui, après Freud, se sont intéressés aux patients qui n'évoluent pas dans le registre strict de la névrose, à savoir les psychotiques et les caractéropathes [1], insistent sur la diffi-

1. Caractérose : c'est Pierre Marty qui a surtout insisté sur les caractéristiques structurales des patients qui souffrent de maladies somatiques. Il fait appel au cadre nosologique des névroses de caractère et de comportement pour décrire les traits les plus saillants du fonctionnement mental de ces patients. Il y a là une réalité indubitable. Mais deux raisons nous conduisent à renoncer à cette référence nosologique.

La première est que beaucoup de cliniciens sont déroutés par cette dénomination un peu paradoxale qui vise justement

culté, voire sur l'impossibilité, de procéder à l'interprétation du discours de ces patients en termes de conflits, parce que la dimension conflictuelle est discontinue ou absente, brisée en quelque sorte par les défaillances du fonctionnement psychique.

Les psychosomaticiens, après Pierre Marty, pensent qu'il faut, dans les caractéroses, renoncer souvent à l'analyse dynamique des conflits, mais qu'on peut suivre quand même et déchiffrer le discours de ces patients en se référant au point de vue économique[1]. Travailler au niveau économique, c'est privilégier dans le traitement le repérage des débordements du patient par l'excitation anarchique non canalisée dans les conflits parce que ceux-ci font défaut ; c'est donner la priorité aux interventions qui protègent de ce débordement en se situant dans le registre d'une relation pare-excitation. Pare-excitation étant pris ici au sens large, c'est-à-dire association d'interventions visant l'évacuation non traumatique de l'excitation en excès grâce à la proposition par l'analyste de représentations au patient

---

à ériger la « coupure psychique » en caractéristique de ces patients, qui s'opposent donc radicalement aux névrosés, dont le fonctionnement psychique est justement réputé très solide. Il ne s'agit donc pas de névrosés et il vaut mieux trouver une désignation qui exclut toute confusion.

La seconde raison est que, à notre avis, il n'y a pas de différence structurale fondamentale entre névrose de caractère et névrose de comportement. Il s'agit plutôt d'une grande lignée structurale et il n'est pas utile de garder deux dénominations distinctes. C'est pourquoi nous proposons d'introduire un terme unique : les caractéroses, dont les caractéristiques mentales seront tout au long de ce livre distinguées des psychoses et des névroses. Dans toute la suite, nous ne parlerons donc plus que des caractéroses pour désigner aussi bien les « névroses de caractère » que les « névroses de comportement », et de caractéropathes pour désigner les patients porteurs de ces structures.

1. P. Marty, *Mouvements individuels de vie et de mort*, Paris, Payot, 1976.

qui ne parvient pas à les produire seul d'une part, et d'interventions stimulant au contraire des zones potentiellement actives de la vie psychique insuffisamment mises à contribution par le patient, lorsqu'il est seul. La forme la plus exemplaire de cette méthode de travail est fournie par les cures de régression de Margolin [1]. On en retrouve l'inspiration dans un travail de R. Herzberg [2] et dans certaines cures de relaxation [3].

Les défaillances économiques conduisent certains analystes à renoncer aux interprétations classiques en direction du matériel représenté et symbolisé, pour ne pas risquer de faire basculer le patient dans le traumatisme en bousculant une trame symbolique déjà trop fragile. Qu'on se réfère à l'excitation, à la pulsion, ou à la notion d'organisation et de désorganisation, et l'on suggère inévitablement que le registre dynamique discontinu se double d'une structuration topique fragile ou inexistante.

En effet, le conflit intrapsychique devrait toujours pouvoir être lu en termes topiques. La culpabilité signe un conflit entre Moi et Surmoi, la honte un conflit entre Moi et Idéal du Moi. Dans la conception freudienne, les instances Ça, Moi, Surmoi, constitutives de la deuxième topique, ne sont pas données à la naissance et s'acquièrent au cours du développement psychique. Le Surmoi, dit Freud, est héritier du complexe d'Œdipe [4].

---

1. S. G. Margolin, « La signification du terme de "psychogénèse" dans les symptômes organiques », *L'Évolution psychiatrique*, 18, 1953, p. 371-386.

2. R. Herzberg-Poloniecka, « Périple en psychosomatique à la lumière des symptômes », *in* M. Fain, C. Dejours, *Corps malade et corps érotique*, Paris, Masson, 1984, p. 88-100.

3. G. de M'Uzan, « Différentes modalités d'interprétation dans la cure de relaxation en psychosomatique », *ibid.*, p. 77-87.

4. S. Freud, « Le Moi et le Ça », p. 77.

Le niveau conflictuel qui signe donc le fonctionnement efficace de la deuxième topique, et sa structuration intégrale, qualifie la névrose mentale. La souplesse et l'évolutivité propres au registre conflictuel peuvent également se repérer au niveau de la première topique, dans le fonctionnement régulier du préconscient. Le préconscient, lui aussi acquis par l'ontogenèse, serait dans la première topique la marque qu'y inscrit la deuxième topique lorsqu'elle commence à fonctionner.

Plus la deuxième topique se développe, plus le préconscient (PCs) se différencie de l'inconscient (ICs). Mais, en se référant au niveau économique (celui de la répartition de l'énergie dans l'appareil psychique et de ses débordements traumatiques qui menacent l'existence même des topiques), on admet du même coup les défaillances de la première et de la deuxième topique et il devient alors impossible de représenter topologiquement ce qui se joue dans la décompensation, voire dans les états de compensation, chez les patients caractéropathes. De fait, aujourd'hui on ne sait pas décrire autrement qu'en négatif, en incompétence par rapport à la névrose, la métapsychologie de la psychose et de la caractérose.

Avant de proposer un modèle topique de ces deux dernières structures, il est peut-être utile de rappeler que Freud oppose schématiquement l'inconscient au système préconscient-conscient (PCs-Cs). Entre les deux systèmes règne la censure, ce qui pourrait se représenter ainsi :

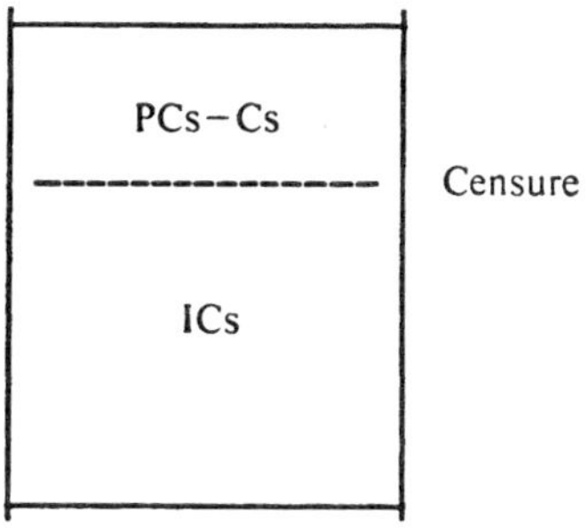

Figure 1

Freud, à vrai dire, s'il parle beaucoup du préconscient, pour le caractériser comme lieu des sang-mêlé (représentation de chose liée à la représentation de mot), évoque surtout le système PCs-Cs comme un ensemble, sans jamais ou presque spécifier les différences entre les systèmes préconscient et conscient.

Dans le chapitre VII de *L'Interprétation des rêves* et dans le *Complément métapsychologique à la théorie du rêve,* il évoque cependant l'existence d'une deuxième censure entre PCs et Cs.

Il dit à plusieurs reprises par ailleurs que l'inconscient plonge ses racines dans le soma. De sorte qu'on aboutit implicitement à une représentation stratifiée à quatre étages :

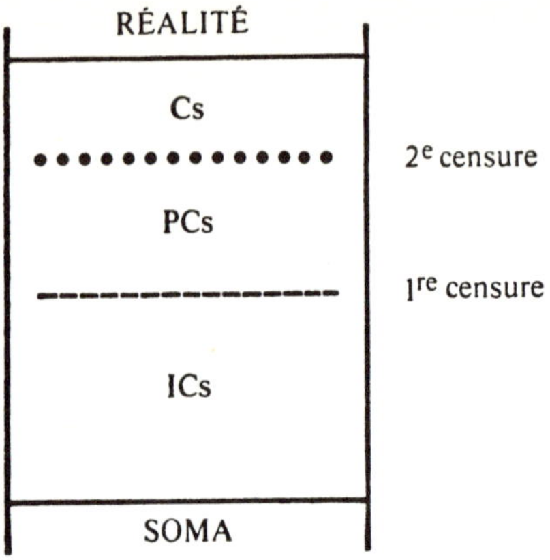

Figure 2

Entre ces quatre étages, on ne connaît pas bien les règles de circulation. Sauf entre les deux étages intermédiaires PCs et ICs, où dans un sens fonctionne le refoulement (PCs → ICs) et dans l'autre se manifestent les retours du refoulé que sont les lapsus, les actes manqués, les souvenirs-écrans, les fantasmes, les symptômes et les rêves. Si, au début de son œuvre, Freud considère que l'inconscient résulte du refoulement, il revient ultérieurement sur ce point pour postuler l'existence d'un refoulé originaire, qui préexiste au refoulement dynamique, et dont l'étendue serait plus grande que le refoulé lui-même. En sorte que participeraient à ces échanges, à travers la censure, seulement les couches les plus superficielles de l'ICs.

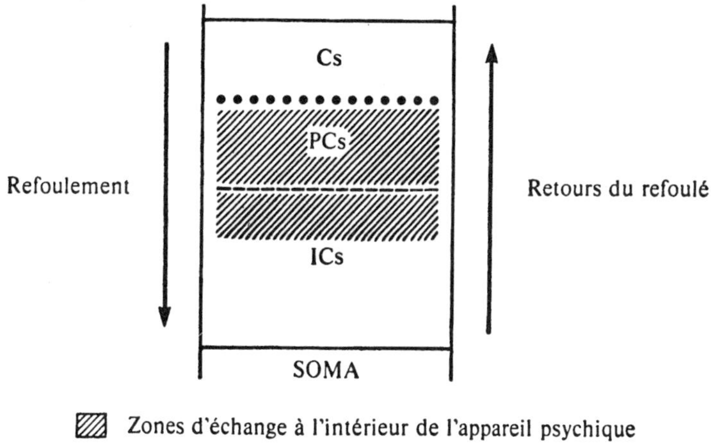

Figure 3

La troisième topique

L'hypothèse qui va être proposée d'une troisième topique résulte des considérations métapsychologiques sur la perversion. C'est à son propos en effet que Freud introduit la notion de « clivage du Moi », en vertu duquel le sujet pourrait fonctionner selon deux modes différents à l'insu l'un de l'autre. L'un reconnaîtrait la réalité de la différence anatomique des sexes, l'autre lui opposerait un déni.

Cette notion de clivage est devenue fondamentale en psychanalyse et nécessaire pour se repérer dans toute la clinique des patients non névrosés. On la retrouve à propos des psychoses (Melanie Klein), des borderlines (Winnicott, Kernberg), des personnalités narcissiques (Kohut), des psychopathes (Winnicott), et si on n'en parle pas dans la psychosomatique, c'est peut-être le fait d'une lacune théorique.

Il y a dans cette conception massivement étayée par la clinique une quasi-impossibilité jusqu'à ce jour à en rendre compte sur le plan topique. Comment représenter deux fonctionnements psychiques différents à l'intérieur d'une même topique ?

Notre hypothèse est fondée sur l'observation clinique, en vertu de laquelle l'inconscient refoulé se fait connaître dans le préconscient par les retours du refoulé et les représentations de mot. Certaines manifestations cliniques, parmi les plus bruyantes, échappent aux formes reconnues de retour du refoulé (passages à l'acte, poussée évolutive d'une maladie somatique, confusion mentale). Elles portent pourtant, de toute évidence, la marque d'une influence de l'inconscient. L'hypothèse que nous mettons à l'épreuve de ce livre consiste à considérer que ces manifestations sont produites par des effets d'une partie spécifique de l'inconscient. Celui-ci serait composé de deux secteurs distincts. Le premier secteur serait constitué par le refoulement originaire ; c'est l'inconscient sexuel, appelé aussi inconscient refoulé. Le second secteur de l'inconscient serait formé en contrepartie de la violence exercée par les parents contre la pensée de l'enfant. Lorsque, en réponse à la séduction exercée par l'adulte sur le corps de l'enfant, l'activité de pensée de ce dernier déclenche la violence de l'adulte, la pensée de l'enfant s'arrête. Faute de pensée, il ne peut pas y avoir de refoulement originaire (qui suppose un message de l'adulte, une énigme – pensée – par l'enfant, un travail – de la pensée – de traduction et un résidu non traduit, selon la théorie de la séduction de Laplanche). Ce secteur de l'inconscient, formé sans passage par la pensée de l'enfant, est la réplique au niveau topique des zones du corps exclues de la subversion libidinale et du corps érogène.

Formé hors de toute pensée propre à l'enfant, ce secteur de l'inconscient sera dénommé « sans pensée », ou *inconscient amential*. Faute de pensée à son fondement, il ne pourrait donner lieu ni à des retours de refoulé, ni à aucune pensée nouvelle. Le mode principal de réaction de cet inconscient amential serait la désorganisation du moi, ou déliaison critique (dont la forme typique est l'*amentia* de Meynert – deuxième raison de l'appellation « inconscient amential ») et l'agir compulsif sans pensée. Cette question sera reprise et développée dans la conclusion.

La clinique des patients non névrosés nous révèle des rejetons de cet inconscient sous la forme de la violence, du passage à l'acte, de certaines formes de perversion, et de la somatisation. Cela constitue l'ensemble des symptômes non névrotiques, qui forme la pathologie *psychiatrique*. On sait bien par ailleurs que ces patients ne sont pas toujours malades et qu'ils sont capables dans certaines phases de leur vie, voire pendant leur vie entière, de rester à l'abri des décompensations. Dans ce cas, l'inconscient « amential » reste muet ou à peu près. Est-ce à dire qu'en période compensée, ces patients sont comme des névrosés ? Dans une certaine mesure oui, puisqu'ils nous donnent à voir alors un fonctionnement préconscient. Mais dans une certaine mesure seulement, car leur vie mentale paraît parfois étriquée, entre un inconscient et un préconscient peu prolixes, pour autant qu'on continue à les déchiffrer à travers les retours du refoulé.

Force est donc d'admettre que, face à cet inconscient amential, se dresse un système qui peut l'endiguer efficacement. L'observation clinique montre qu'en l'absence de symptômes psychiatriques, ces patients se maintiennent grâce à des comportements et à un mode de pensée correctement articulés avec la réalité. Ce mode de pensée est un mode efficace, réaliste, qui n'a rien à voir avec le processus secondaire régnant sur le préconscient ; processus secondaire caractérisé par ce qu'on nomme *associations*. La digue mise en face de l'inconscient amential est sous le règne d'une pensée logique et opérationnelle, coupée de l'inconscient. C'est ainsi que l'on décrit chez les caractéropathes la pensée opératoire[1] et chez les sujets d'une autre structure, une pensée impersonnelle ayant le caractère stéréotypé du discours idéologique, rationalisé.

On peut à partir de ces remarques proposer un modèle topique qui diffère de celui de Freud par un mouvement de bascule.

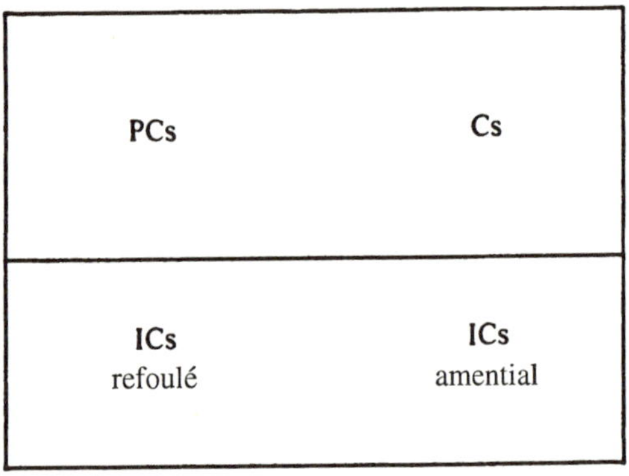

Figure 4

Dans cette perspective, le système conscient (Cs), dont la nature n'a jamais été précisée par Freud, serait un système organisé par la pensée logique, faite de mots, associés *non pas par les analogies* constitutives de la dérive métonymique, ou de la métaphore, mais par une pensée donnée de l'extérieur, logique, apprise, à savoir la pensée intellectuelle, dérivée du développement cognitif. Il s'agit donc d'une pensée logique *résultant d'un apprentissage,* et non d'une simple réplique de la réalité. Certains patients, dits opératoires, se servent d'une pensée opératoire concrète, d'autres d'une pensée

1. P. Marty, M. de M'Uzan, « La pensée opératoire », *Rev. Franç. Psychanal.*, 27, 1963, p. 345-355.

opératoire abstraite, d'autres encore d'une pensée logique conceptuelle, selon la terminologie de Piaget, et ce serait une erreur que de croire que la pensée opératoire est une simple photographie de la réalité. Elle en est une interprétation, mais logique, fournie de l'extérieur, *apprise*, et non une interprétation fantasmatique *inventée* par le sujet. Le clivage serait le résultat de la séparation, interne à la topique, entre deux registres, l'un dominé par le processus secondaire, l'autre par un processus socio-cognitif qui confère aux associations un caractère strictement impersonnel, coupé de l'inconscient. Le clivage à l'état d'équilibre se représenterait donc ainsi :

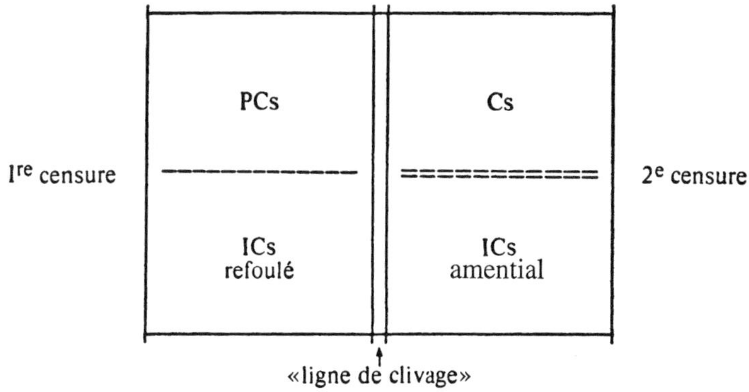

Figure 5

Chez le sujet repéré comme « normal », l'inconscient amential est bien contenu par le système conscient, qui fonctionne comme une digue. Reste par ailleurs la possibilité d'un fonctionnement d'allure névrotique dans la partie gauche de la figure, avec éventuellement les formes classiques de retours du refoulé. Le sujet est bien adapté à la réalité, et il ne présente pas de symptôme psychiatrique.

Plus le clivage est déplacé vers la gauche, plus la normalité prend une allure standard et conformiste régie par le système conscient, qui sépare efficacement inconscient amential et réalité. Plus le clivage est déplacé vers la droite et plus la partie visible du fonctionnement psychique est dominée par le système préconscient et le processus secondaire.

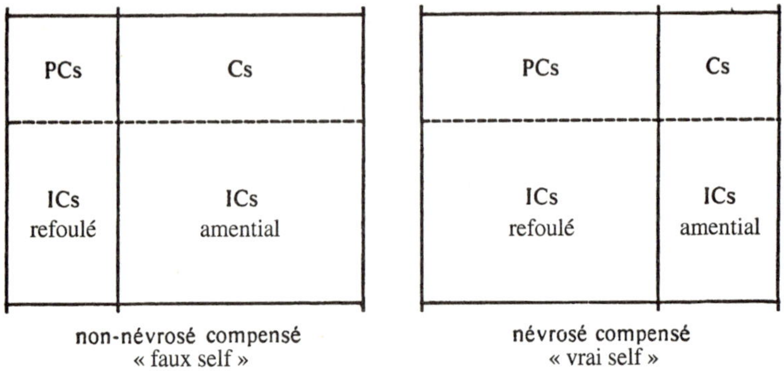

Figure 6

On comprend, à partir de cette représentation, que les décompensations chez les non-névrosés, c'est-à-dire l'éclatement du clivage, fasse apparaître l'inconscient amential sous la forme de comportements qui prennent souvent une connotation psychiatrique.

Avant de poursuivre sur les modes de circulation entre systèmes dans la troisième topique, il faut faire une parenthèse sur la question souvent débattue du « vrai self » et du « faux self ».

Selon la troisième topique, il est facile de repérer le vrai self comme la structure névrotique. L'analyste a essentiellement affaire au préconscient, et au processus secondaire, au double sens des mots et du discours, et à un être-au-monde hautement singularisé, porteur d'une histoire personnelle différenciée.

En revanche, face au non-névrosé, l'analyste a affaire avec un discours conventionnel, impersonnel, acquis par apprentissage, dénué de double sens et d'ambiguïté, fondamentalement coupé de l'inconscient dont on voit mal les rejetons. (Ils existent pourtant, on le verra au chapitre v).

On comprendra facilement la conception de Winnicott si l'on se réfère à la troisième topique, de même que son assertion sur la valeur fonctionnelle et l'utilité du faux self. Car le clivage existe chez tout un chacun, névrosé comme non-névrosé. La différence résulte surtout de l'importance conférée au système conscient pour assurer l'équilibre topique. De toute façon, chacun doit gérer l'inconscient amential et assurer le clivage d'une partie de son self. Mais dans le cas du névrosé, la barre du clivage est étayée par la gauche et par la droite, c'est-à-dire par la solidité des systèmes inconscient-préconscient d'un côté, et par le système conscient de l'autre.

En revanche, le non-névrosé ne peut assurer la stabilité que par le système conscient à droite, que l'inconscient amential tend à faire éclater du fait de l'absence de circulation entre conscient et inconscient amential. De l'autre côté, les systèmes inconscient-préconscient constituent un étai beaucoup moins épais que dans la névrose aux pressions de l'inconscient amential.

Avec cette référence à la troisième topique, on comprendra aussi pourquoi aucun sujet n'est totalement à l'abri de la somatisation ni du délire, même si certaines structures sont mieux protégées que d'autres *(cf. infra).*

Pour achever le schéma, il convient en fait de positionner aussi la réalité. Par réalité, il faut entendre, non pas le Réel, au sens de Lacan bien sûr, ni la réalité matérielle et physique, mais la réalité de la rencontre avec l'autre, avec les autres. La réalité, c'est donc l'ensemble de ce qui peut occasionner une rencontre avec le sujet. Rencontre qui peut stimuler l'inconscient, au sens large, c'est-à-dire l'ensemble des inconscients refoulé et non refoulé. Sur le schéma, nous représenterons une zone particulière de fragilité de la troisième topique qui se situe précisément au point de rencontre des quatre systèmes avec la réalité. À ce niveau, l'inconscient est séparé de la réalité par une moins grande « épaisseur » de préconscient et de conscient. C'est spécifiquement la *zone de sensibilité de l'inconscient* décrite par Michel Fain [1], celle où l'inconscient est stimulé directement par la réalité *via* la *perception* (à différencier de la représentation). Au contraire, latéralement par rapport à la zone de sensibilité de l'inconscient, la réalité, pour atteindre l'inconscient, doit d'abord franchir une épaisseur de préconscient à gauche ou de conscient à droite, qui jouent donc un rôle protecteur contre l'excès d'excitation et le traumatisme.

Le schéma se représenterait donc ainsi :

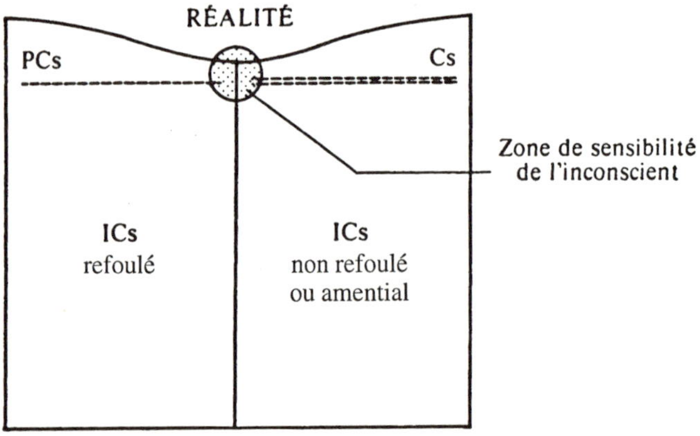

Figure 7

La question qui doit nécessairement être posée maintenant est celle des relations entre cet inconscient amential et l'inconscient refoulé, et plus géné-

1. M. Fain, « Vers une conception psychosomatique de l'inconscient », *Rev. Franç. Psychanal.*, 45, 1981, p. 281-292.

ralement de la circulation à l'intérieur de la topique du clivage.

La circulation dans la troisième topique

La référence à la troisième topique ne peut se justifier que si l'on peut d'une part y retrouver les données théoriques classiques de la psychanalyse, et d'autre part y placer des éléments nouveaux pour rendre compte de faits d'observation clinique qui s'expliquent mal à l'aide de la seule théorie classique.

La question posée est celle de la circulation entre les divers systèmes, étant entendu que nous ne connaissons bien que le destin des investissements entre le système préconscient et le système inconscient à travers la censure, grâce au refoulement et aux retours du refoulé que sont les lapsus et actes manqués, les souvenirs-écran, les symptômes psychonévrotiques (hystéro-phobo-obsessionnels), les fantasmes et les rêves.

Le clivage instaure dans l'appareil psychique une séparation radicale. L'inconscient dynamique impliqué dans les retours du refoulé n'est que la partie refoulée de l'inconscient, et nous avons vu que le rêve joue ici un rôle déterminant, à la fois dans sa fonction refoulante et dans sa fonction organisatrice et créatrice de l'inconscient sexuel. Le refoulement a une fonction *conservatrice* au regard de l'appareil psychique, dans la mesure où il maintient dans la topique les pensées refusées par le préconscient, et où il les garde disponibles pour les retours du refoulé. Le refoulement est donc au service de la vie psychique et du fonctionnement mental.

On peut se demander ce qui se passe spontanément au cours de l'ontogenèse et de la vie, et de façon spécifique dans le traitement psychanalytique, quant au clivage et à l'inconscient non refoulé amential.

L'inconscient amential ne peut donner lieu directement à des pensées et il s'agit de savoir comment se fait le travail de colonisation de cette partie de l'inconscient pour la mettre au service du fonctionnement psychique, au cours du développement psychique.

Il ne peut pas y avoir de circulation directe entre les deux inconscients si nous acceptons l'hypothèse de la troisième topique, qui stipule que le clivage, par définition, consiste précisément à garantir le jeu simultané des deux parties en double insu l'une de l'autre.

Il faut donc envisager des médiations spécifiques. Notre hypothèse confère à la zone de sensibilité de l'inconscient une place fondamentale, conformément à la conception d'autres auteurs[1]. Nous envisagerons que la zone de sensibilité de l'inconscient, qui est peu protégée par la superstructure PCs-Cs en cet endroit très mince de la topique, n'est séparée de la réalité que par un mécanisme unique et sans souplesse, utilisé par toutes les structures et auquel on donne habituellement le nom de *déni (Verleugnung)*. Le déni est déni de la perception affective de la Réalité. Le reste du dispositif psychique ne serait mis en branle que lorsque le déni s'avère défaillant.

On sait que lorsque le déni est franchi, il peut en résulter une décompensation : le psychotique se met alors à délirer et à halluciner, le caractéropathe somatise. Nous envisagerons ces décompensations au chapitre suivant. Il s'agit pour l'instant d'analyser le processus qui suit la levée du déni, sans provoquer de traumatisme, c'est-à-dire sans bascule dans la pathologie.

1. *Cf. ibid.*

L'effraction du déni et la réaction affective impliquent la participation du préconscient, puisque la perception suppose déjà la comparaison avec des traces mnésiques préexistantes. Dans certains cas, la participation du PCs n'est pas possible, car la perception crée une telle perturbation réactive dans l'inconscient amential que la décharge est immédiate et obligatoire. La décharge passe alors par la musculature striée, déclenchant des mouvements automatiques ou des séquences comportementales plus complexes mais toujours compulsives. Parfois, l'excitation déclenche un comportement plus organisé qui vise l'extinction de l'excitation : ou bien le sujet attaque dans la réalité la source de l'excitation par un acte de destruction (passage à l'acte), ou bien il se soustrait activement à cette source d'excitation par la fuite.

Si de telles procédures sont recrutées par le sujet, la levée du déni ne conduit à aucune capitalisation mentale. L'inconscient amential reste non refoulé, il n'y a aucun effet d'organisation mentale à partir de cette expérience d'effraction par la rencontre avec la réalité.

D'autres sujets vont surseoir à la décharge de l'excitation, ce qui suppose tout de même que l'effraction et l'excitation n'atteignent pas un niveau trop élevé. Dans ce cas, la perception est en quelque sorte retenue, mise en attente pour un autre destin. La perception, avons-nous dit, suscite une participation du préconscient. Cette perception doit être comprise dans son sens psychanalytique, c'est-à-dire comme une forme, une Gestalt qui déclenche des associations par analogie avec des représentations constituées au fur et à mesure de l'histoire singulière du sujet. Les associations qui naissent ainsi à partir de la perception suivent les chaînes associatives caractéristiques de la pensée préconsciente. Le risque est alors la dérive des investissements de la perception initiale vers d'autres représentations, dérive qui se traduit au plan psychique par la production d'affect. Les associations idéiques peuvent être mises en latence par le préconscient pour lutter, précisément, contre l'affect, si celui-ci est redouté par le sujet. La pensée ainsi mise en latence pourra dans la nuit suivante être traitée par le rêve et être refoulée dans l'inconscient dynamique (refoulé).

Ainsi l'inconscient refoulé s'est-il, au terme du processus, enrichi d'un matériau en provenance de l'inconscient amential, grâce à la levée du déni et à la rencontre avec la réalité. Cette rencontre donne un contenant formel à l'excitation. En quelque sorte, on pourrait dire que la réalité a fourni une « interprétation » venue du dehors à un état particulier d'excitation du corps lors de la levée du déni par la rencontre avec la réalité. Cette « interprétation », qui agit directement au niveau perceptif et implique les organes sensoriels, est différente de l'interprétation analytique qui passe (en principe) par les mots seulement (en principe, car si l'analyste évite de fournir des perceptions au patient en se soustrayant à son regard et en épurant autant que cela est possible le cadre de la séance de toute irruption extérieure, il n'y parvient qu'imparfaitement et est, de fait, utilisé parfois par le patient d'une manière équivalente du processus décrit ici). Ce sont ces mêmes résidus de la perception durant la veille qui vont d'ailleurs être utilisés par le rêveur pour imager les pensées latentes du rêve, grâce à la régression formelle.

Au terme de ce processus, l'inconscient refoulé s'est élargi et enrichi de ce nouveau matériau qui a été soutiré à l'inconscient non refoulé. Désormais, une nouvelle stimulation par la réalité, similaire à la précédente, rencontrera sur son chemin les marques laissées dans le préconscient par le processus qui a eu lieu précédemment, rendant possible alors tout le jeu des défenses névrotiques attachées au fonctionnement du préconscient. Cette zone de l'inconscient n'est donc plus protégée par le seul déni. On peut supposer que la somme de ces processus fait peu à peu bouger, dans notre schéma, la barre de clivage vers la droite (*cf.* figure 7). C'est ainsi que le sujet peut à la longue s'affranchir de la tendance à la décharge, au profit de l'enrichissement de l'inconscient refoulé, et de la dynamique préconsciente. La stéréotypie de la réaction compulsive, en réponse à la brèche pratiquée à travers le déni par la réalité, laisse place à la réponse nuancée et souple des retours du refoulé. À ce processus long, on peut donner le nom de *perlaboration par le rêve*.

On peut souligner ici l'importance du rôle conféré à la réalité dans ce processus. Elle est l'intermédiaire nécessaire pour franchir le déni et activer l'inconscient. On comprend bien alors pourquoi certains sujets, redoutant le déclenchement d'un affect (en raison de l'échec possible de la mise en latence et du refoulement), et le déclenchement de la violence de la décharge compulsive, cherchent à se soustraire à la réalité devenue elle-même source de danger. C'est *l'inhibition* que l'on peut observer dans n'importe quelle structure.

Avant de poursuivre, notons déjà qu'à côté du processus long qui vient d'être décrit, existent d'autres exutoires non pathologiques de l'inconscient amential (sublimation, réalisation pulsionnelle par la perception et intrication passionnée). Elles seront décrites au chapitre suivant.

Zone de sensibilité de l'inconscient, déni de perception, décharge et passage à l'acte : la topique du psychopathe

La zone de sensibilité de l'inconscient est aussi la zone de fragilité fondamentale de la troisième topique chez tout sujet en état d'équilibre. C'est dire que même lorsque le clivage est stable, il reste un espace de fragilité où le sujet risque de rencontrer un jour une situation réelle qui soit au-dessus de ses forces et qui le conduise à la crise.

Dans une certaine mesure, chaque sujet n'est pas totalement ignorant de cette zone de fragilité. Il cherche généralement à se protéger en évitant les situations qu'il sent intuitivement (grâce à la sensibilité de l'inconscient, précisément) chargées de danger pour son clivage. Mais chacun ne parvient pas à se garder avec autant d'efficacité de telles rencontres dangereuses. C'est le cas notamment de ceux dont la zone de sensibilité est très étendue, c'est-à-dire lorsque PCs et Cs ne parviennent à couvrir qu'une surface trop limitée de l'inconscient. On trouve cette configuration en particulier chez les sujets dont l'épaisseur du système conscient est faible du fait de la pauvreté des ressources sociocognitives consécutive à l'échec des apprentissages ordinaires. On pourrait ainsi représenter leur appareil psychique :

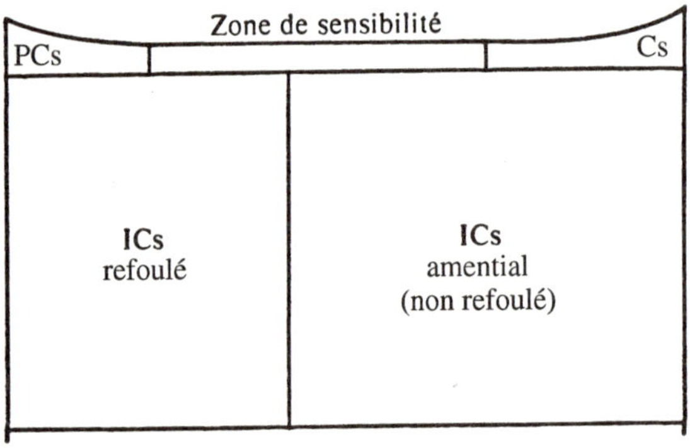

Figure 8

Ces sujets courent souvent le risque d'être débordés par l'excitation de l'inconscient non refoulé que déclenche la rencontre redoutée avec les situations réelles traumatiques.

La question est alors de savoir quel type de réaction résulte de cette rencontre. Nous avons mentionné plus haut que la seule voie possible pour évacuer l'excitation qui ne peut être prise en charge par le préconscient est de la décharger directement à l'extérieur, sous peine de faire exploser l'appareil psychique (décompensation). Les principaux modes de décharge sont la colère et le passage à l'acte, qui ont l'avantage sur les autres d'être dirigés vers l'extérieur et de garder le clivage sain et sauf. Le passage à l'acte a un caractère compulsif, quasi incontrôlable. Il s'impose au sujet qui veut sauver son organisation topique de la destruction. Deux formules motrices s'offrent à lui : se soustraire à la situation excitante par la fuite, fuite effective et non figurée, ou détruire la source externe de l'excitation par la violence physique. Dans l'un comme dans l'autre cas, on retrouve la violence compulsive des réactions instinctuelles. Le passage à l'acte peut avoir un caractère tellement brutal et incoercible qu'il se confond avec une crise clastique aveugle où il est bien difficile de discerner un contenu spécifique. Et il est vrai que toutes les crises de violence sont à peu près semblables et stéréotypées ; elles n'ont aucun caractère personnel. Parfois, en revanche, le sujet réussit à se retourner contre quelque chose de précis impliqué par la situation réelle insoutenable qu'il cherche à néantiser de façon irrésistible mais non sans pertinence. C'est plutôt le cas de sujets qui ne passent que très rarement à l'acte, en sorte que par l'analyse des données de la situation, on parvient à déchiffrer une signification à ce passage à l'acte. Certains auteurs lui donnent alors le nom d'« acting out » pour le différencier du passage à l'acte.

Le passage à l'acte apparaît donc comme un moyen pour le sujet de préserver son appareil psychique et de ne pas devenir fou. Mais il arrive que le passage à l'acte ne soit pas possible. Parce que le sujet s'y refuse dans un dernier effort pour lutter contre la décharge de sa violence. Alors, il réagit par une inhibition majeure qui peut aller jusqu'à un épisode de prostration, de stupeur. À ce moment, s'il n'y a pas de mise en acte, il n'y a pas non plus de passage par la perception qu'il faut éviter. L'inhibition motrice s'accompagne dans ce cas d'une inhibition de la pensée et d'une sensation de tête vide [1]. Cette extinction de la pensée peut conduire le sujet jusqu'à ses limites et le faire basculer dans la perte de conscience. C'est là qu'il faut placer la comitialité, qui associe, dans sa forme complète du Grand Mal, la perte de conscience à la décharge motrice automatique dont le caractère spectaculaire et stupéfiant ressortit, à notre avis, non seulement des mouvements cloniques qui évoquent pour le spectateur quelque chose de sexuel, mais aussi de son caractère profondément et fondamentalement violent. Ce qui inspire cette impression de sacré vient précisément de cette association extraordinaire, de cette condensation entre manifestation sexuelle et manifestation violente.

C'est pourquoi, ainsi que le propose Neyraut-Suttermann [2], l'épilepsie mérite une place à part dans la psychosomatique. Elle est en effet un carrefour résolutif fondamental de la mise en péril de la topique du clivage par le recours à un processus qui est à cheval sur le passage à l'acte violent, l'inhibition, et la somatisation.

---

1. Elle peut aller jusqu'à la confusion mentale *(amentia)*. C'est en raison de cet « horizon psychopathologique », qui sera commenté dans la conclusion de ce livre, que le terme d'inconscient amential a été retenu.

2. T. Neyraut-Suttermann, *À propos de la psychanalyse d'un cas d'épilepsie*, Mémoire de candidature à la Société psychanalytique de Paris, texte ronéo, 1977.

En l'absence de décharge motrice et d'inhibition, l'excitation va commencer son travail de destruction de la topique et du clivage. La forme première de cette excitation non mentalisée et non déchargée dans la motricité est le *traumatisme*. L'excitation déclenche alors la confusion mentale, avec son cortège de signes somatiques. Ce point a d'ailleurs été souligné par Marty et ses collègues, qui signalent toujours chez les « névroses de comportement » (caractéroses mal organisées) l'importance des décharges motrices, de l'hyperactivité et de la voie comportementale, en alternance avec les somatisations. Curieusement, cependant, la part faite par ces auteurs aux passages à l'acte est réduite à la portion congrue, alors que les patients recourant beaucoup aux passages à l'acte – à savoir les psychopathes, délinquants, déséquilibrés, etc. – sont souvent aussi ceux qui somatisent facilement et, passé leur jeunesse agitée, ne témoignent pas d'une grande robustesse somatique.

Avant de procéder à l'analyse des différentes structures mentales et des décompensations, il faut signaler un point cliniquement important : lors d'une rencontre avec la réalité qui franchit la barrière du déni, la violence instinctuelle qui s'actualise dans la colère et le passage à l'acte offre une occasion, parfois, à l'inconscient refoulé de se frayer un chemin inhabituel vers l'agir. Le passage à l'acte bénéficie alors d'une contribution venue de la sexualité psychique, de sorte que la violence se trouve teintée d'une connotation érotique. Cette « coexcitation sexuelle » peut en imposer pour un double sens du passage à l'acte et le faire apparenter à un symptôme névrotique classique. C'est partiellement vrai, mais partiellement seulement. Car l'interprétation du contenu sexuel qui peut ainsi être dévoilé ne conduit nullement à l'élaboration de l'excitation. Ces considérations ont des implications techniques, car c'est bien à la violence qu'il faut s'attaquer dans ces cas et non au contenu érotique qui lui est associé, si l'on veut venir à bout de ces conduites par l'analyse.

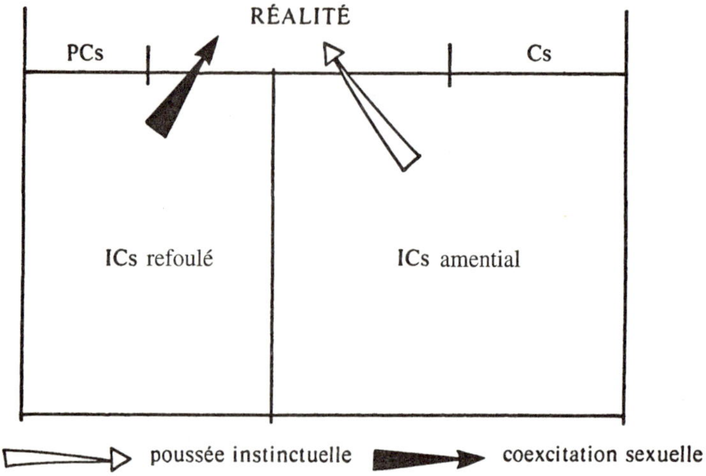

Figure 9. Topique du passage à l'acte

Topique de la psychose

Le psychotique, comme le caractéropathe dont nous nous occuperons plus loin, possède, on le sait, un préconscient peu développé et peu efficace. Ce qui caractérise la psychose, c'est d'abord l'insuffisance ou l'échec du refoulement[1]. Sans retour du refoulé, parler de préconscient n'a pas de sens. Pour type de description, nous prendrons la psychose paranoïaque *compensée*. Ce qui la caractérise, c'est le recours passionné à la rationalité et à la logique de la pensée. Le paranoïaque se sert avec passion de son système conscient, et du processus logique

1. G. Pankow *et al.*, *25 années de psychothérapie analytique des psychoses*, Paris, Aubier-Montaigne, 1984.

qu'il faut bien distinguer du processus secondaire du préconscient. Le conscient est en effet chargé par le paranoïaque de constituer une digue sans faille aux irruptions de l'inconscient amential. À investir ainsi le processus logique, le paranoïaque excelle (tant qu'il ne délire pas) dans l'efficacité sociale et professionnelle. Il faut souligner ici que de nombreuses structures paranoïaques ne décompensent jamais, grâce précisément à ce recours à la digue du conscient, mais aussi grâce à quelque aptitude à traiter séparément par la perlaboration par le rêve (*cf. supra*) et par la sublimation (*cf.* chapitre V) ce qui est mobilisé par l'inconscient refoulé.

Le discours du paranoïaque atteint parfois la perfection dans la pensée opératoire. Pensée opératoire exactement semblable à celle du caractéropathe en dépression essentielle, mais seulement soutenue par *une passion* qui manque précisément au caractéropathe pour des raisons que nous verrons plus loin.

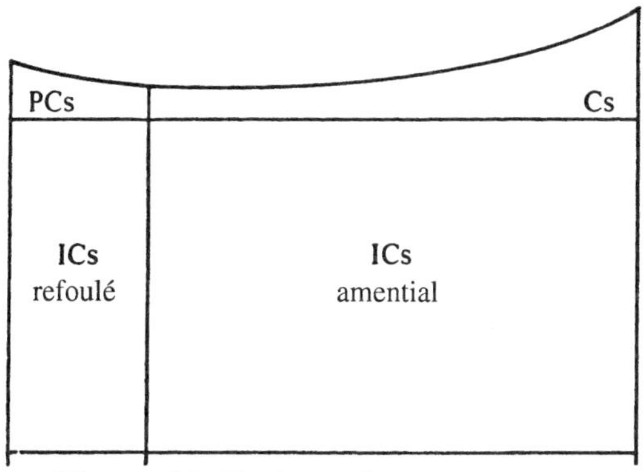

Figure 10. Topique du paranoïaque

La figure 10 représente la troisième topique dans le cas du psychotique. Grâce à l'efficacité du conscient, qui s'interpose systématiquement et efficacement entre la réalité et l'inconscient amential, le paranoïaque tient solidement la deuxième censure. C'est l'efficacité de cette censure que Freud signale au chapitre VII de *L'Interprétation des rêves*.

Néanmoins, il arrive que même le psychotique le mieux organisé soit mis en difficulté par la réalité, et que le déni protégeant la zone sensible de l'inconscient et la digue du conscient soient mis en difficulté. Le clivage est alors menacé et l'équilibre psychique est rompu. Le psychotique s'emploie dorénavant à traiter la perception dangereuse d'une façon très particulière qui se différencie nettement du passage à l'acte et de l'angoisse viscérale ou du traumatisme. Il « rejette » purement et simplement les pensées qui naissent de la perception et des associations qu'elle fait naître avec les représentations préconscientes. Le rejet, ou forclusion *(Verwerfung)*, se distingue du refoulement *(Verdrängung)* parce qu'il renvoie la perception interne hors de la topique. Il la repousse dans la réalité. La pensée qui est refusée par le sujet fait retour du dehors (Freud-Lacan) sous forme d'idée imposée, d'influence, de parasitisme, de télépathie. Pour lutter contre la destruction de son appareil psychique, il tente d'appliquer à ses pensées, qu'il croit venues de l'extérieur, le traitement logique qu'il fait subir à tout ce qui est autour de lui. *De logique, sa pensée devient paralogique.* Commence alors le délire interprétatif, en règle remarquablement ficelé et cohérent. Le paranoïaque croit ce qu'il dit avec une certitude qui n'a rien d'étonnant. Il n'a aucune raison de mettre en doute la vérité de son discours, puisqu'il a toujours pu jusque-là faire confiance à la logique rationnelle, et ses interprétations habiles ne remettent nullement en cause la pensée logique.

Dans la décompensation, pendant parfois longtemps, le délire ne couvre que la brèche ouverte par la réalité et sa perception à travers le déni. Si le délire est bien construit, il peut être suffisant et laisser par ailleurs fonctionner correctement la partie gauche de sa troisième topique, celle de l'inconscient refoulé et du préconscient. En sorte que, hors du secteur dangereux, le psychotique peut faire preuve d'un fonctionnement mental relativement bon. Dans ce cas, le délire « en secteur » parvient à sauver encore le clivage et l'appareil psychique de la destruction.

Le psychotique bien organisé, c'est celui qui, face à chaque épreuve de réalité mettant en cause le déni et stimulant la zone sensible de l'inconscient, réalise à nouveau l'intégration de la perception sous forme d'interprétation délirante dans un système paralogique qui s'adapte et se transforme avec talent au coup par coup. C'est la capacité d'intégration souple, parfois remarquable d'astuce et d'invention intellectuelle, qui caractérise ce qu'on appelle « bonne organisation mentale » chez un psychotique.

Mais il n'en est pas toujours ainsi, et il arrive que les choses n'en restent pas là ; si la réalité insiste, généralement du fait de l'intervention soutenue d'un partenaire du psychotique auquel il adresse son délire, le clivage cède. Cette fois, c'est la *perception* qui sera attaquée directement par le psychotique, avant même que celle-ci ait pu donner lieu à des associations idéiques. Ce n'est plus l'idée qui subit l'effet du rejet hors topique, mais la perception elle-même. Par rapport à la pensée paralogique, le rejet portant sur la perception correspond à une régression topique dans l'ordre de l'idée vers la perception. La perception rejetée fait retour de l'extérieur sous forme *d'hallucination* cette fois : hallucinations verbales tant qu'il y a encore des mots, puis hallucinations psychiques, hallucinations auditives non verbales, hallucinations cœnesthésiques, et enfin, ce qui est déjà beaucoup plus grave, hallucinations gustatives, olfactives et visuelles.

À ce stade de décompensation, le paranoïaque n'est plus vraiment paranoïaque, il commence à déraper vers la schizophrénie. C'est ce qu'on nomme en psychiatrie « épisode fécond ». Que ce soit dans l'épisode fécond ou dans la schizophrénie, on retrouve toujours des îlots de persécution, d'interprétation délirante, et de paralogisme paranoïaque. On ne s'étonnera pas non plus qu'à ce moment le psychotique tente aussi parfois d'user des passages à l'acte pour régler ses contradictions avec la réalité perçue.

À un stade de plus, il n'y a plus même de délire extériorisé et le psychotique se pétrifie dans l'inhibition catatonique, dont il sort parfois dans des raptus clastiques qui témoignent de ce que l'inconscient non refoulé et sa violence sont bien au cœur de la souffrance et de la décompensation.

Si du système conscient il ne reste plus que des miettes après explosion du clivage, on assiste alors à une anarchisation à peu près complète des hallucinations, parmi lesquelles une part importante est conférée aux hallucinations visuelles et tactiles. Le patient s'enfonce alors dans la confusion mentale *(amentia)*.

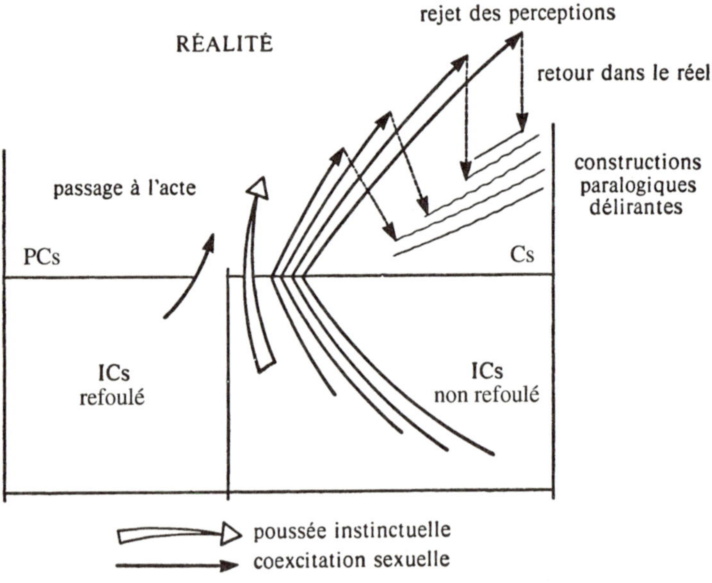

Figure 11. Topique de la décompensation psychotique

Du point de vue topique, la caractérose est marquée par la pauvreté des retours du refoulé et par l'importance de l'inconscient non refoulé.

À l'état compensé, la topique caractérosique est peu différente de la topique psychotique. Le système conscient et son mode de pensée opératoire forment la digue principale contre les irruptions de l'inconscient amential stimulé par la réalité. L'appel passionné à la pensée logique et rationalisante se rencontre effectivement chez beaucoup de caractéropathes qui l'utilisent d'une façon à peu près identique au paranoïaque. Au point que certains patients qui vont somatiser, notamment dans l'appareil cardiovasculaire, se présentent parfois comme des paranoïaques. Il en est de même de certains rectocolitiques, polyarthritiques, etc. En psychosomatique, on parle alors souvent de « psychose de caractère ». Leur pensée opératoire est aussi passionnée que chez le paranoïaque. On trouve même parfois certains éléments qui suggèrent déjà le recours au raisonnement paralogique. Cette pensée opératoire, tant qu'elle ne cède pas la place au délire, est néanmoins différente de la pensée opératoire que l'on rencontre dans la dépression essentielle. Cette différence ne porte que sur la « tension » de cette pensée. Tout se passe comme si, chez le paranoïaque compensé et le caractéropathe compensé, le recours à la pensée opératoire (logique) était invoqué avec passion, comme système défensif global destiné à maintenir le clivage. Cette pensée opératoire, nous la caractériserons de façon strictement descriptive par le qualificatif d'« hypertonique » (davantage « éperonnée » par l'inconscient amential).

La *pensée opératoire hypertonique* se distingue cliniquement de la pensée opératoire « hypotonique » qu'on ne rencontre cette fois que chez les caractéropathes ayant déjà beaucoup somatisé (ou en état de décompensation somatique), en particulier dans la dépression essentielle. La pensée opératoire hypotonique est celle qu'ont décrite Marty et de M'Uzan[1]. Le caractère non passionné du recours à la pensée opératoire dans ce cas résulte de ce que la pression du système inconscient amential vers la réalité est moindre que chez le psychotique. En effet, la somatisation ouvre une brèche, où s'engouffre en partie la poussée du système inconscient. De sorte que le système conscient peut en quelque sorte fonctionner sans menace pour le clivage de l'inconscient, et surtout sans menace pour le clivage et l'intégrité de la troisième topique.

Il faut insister ici sur un point : le caractéropathe peut utiliser (lorsque la voie du refoulement onirique est insuffisante pour métaboliser l'excitation) le passage à l'acte et l'hyperactivité comportementale, tout comme les autres structures envisagées. Il peut éventuellement tenter de mettre en place un système paralogique, avons-nous dit, mais s'il échoue dans cette voie, il lui reste encore une manière ultime de lutter contre l'émergence de sa violence qui a un pouvoir conservatoire pour le clivage : la *somatisation*.

En d'autres termes, le psychotique qui décompense laisse exploser son inconscient amential et le clivage est remis en cause. Préconscient et conscient sont en difficulté et le malade ne peut plus cacher sa folie. En revanche, le caractéropathe, lorsqu'il somatise, sauve la face. Le préconscient et le conscient peuvent survivre sans grand changement à la poussée inconsciente somatisée, de sorte que le caractéropathe peut décompenser sans révéler sa folie à l'extérieur, dans son rapport à la réalité et à

1. P. Marty, M. de M'Uzan, « La pensée opératoire », art. cité.

l'objet. Au point que le caractéropathe en pleine crise peut paraître non seulement très « normal », mais aussi particulièrement pacifiste, calme, voire franchement gentil, si on peut se permettre ici ce genre de qualification. La violence, qui est pourtant à l'origine de la décompensation, peut ne se manifester d'aucune façon visible, ce qui n'est jamais le cas avec le psychotique lorsqu'il décompense. La violence de ce dernier est évidente et parfois dangereuse si la défense paralogique est mise en péril. Le risque est en effet le passage à l'acte violent sur l'autre, ou retourné contre le sujet (tentative de suicide). En ce qui concerne les caractéropathes, la somatisation n'engouffre pas toujours la totalité de la poussée violente, en sorte que des constructions délirantes, voire des hallucinations et des passages à l'acte se rencontrent aussi dans les décompensations caractérosiques, même si on peut les juger souvent moins spectaculaires. La violence serait tout de même plus visible, ainsi que la folie chez ces patients (qui n'en sont pas moins des caractéropathes, dans la mesure où leur faille structurale fondamentale est du côté de l'aptitude à somatiser).

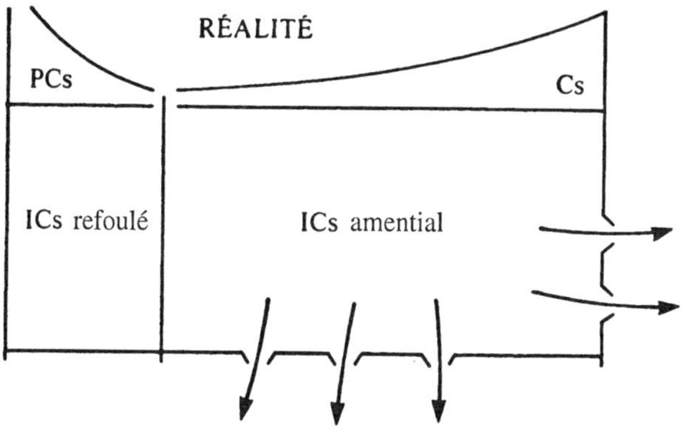

Figure 12. Topique de la somatisation protectrice du clivage et de la « normalité »

Reste à comprendre de quoi résulte la somatisation par rapport à l'excitation qui lui donne naissance. Nous avons vu que le paranoïaque « rejette » les pensées que fait surgir en lui la perception de la réalité jusque-là déniée. Le schizophrène procède de la même manière par rejet, mais il attaque en deçà du paranoïaque, non seulement sur la pensée associative, mais sur la perception elle-même, voire sur la sensation directement.

Le caractéropathe, quant à lui, ne cherche pas à rejeter la perception, mais franchement à la *détruire*. On voit l'analogie avec le passage à l'acte, qui vise lui aussi la destruction de la perception. Mais alors que le psychopathe vise la source même de la perception en neutralisant la réalité par la violence, le caractéropathe va respecter la réalité et la source d'excitation. Il va neutraliser, en lui, ce qui réagit à la situation excitante. Il va chercher à réduire la rencontre avec la réalité qui a réussi à franchir le déni, en opérant par un processus qui réduit la sensation par la destruction de son corps. L'excitation se décharge selon des voies automatiques dictées par la logique de l'organisme vivant : dans la motricité *automatique* (et non dans la motricité volontaire), ce qui donne lieu à des tremblements, des hypertonies musculaires, des tétanisations, voire des secousses tonico-cloniques. L'excitation se décharge aussi dans la motricité *viscérale* (fibres lisses du tube digestif, par exemple, muscle cardiaque) par l'intermédiaire de l'activation de l'axe hypothalamo-viscéral et du système nerveux autonome. L'excitation se décharge enfin dans l'activation des fonctions *endocrino-métaboliques* [1].

Le caractéropathe utilise, pour dégrader la per-

1. C. Dejours, R. Assan, J.-P. Tassin, « Fonctionnement mental, hiérarchie fonctionnelle de l'encéphale et gluco-régulation », *L'Encéphale*, 9, 1983, p. 73-89.

ception en excitation, un mécanisme très particulier auquel on donne le nom de *répression (Unterdrückung)*, différent du refoulement *(Verdrängung)*. L'attaque porte donc directement sur la source instinctuelle, de sorte que la poussée soit immédiatement déchargée dans le corps viscéral avant même qu'il puisse y avoir perception, donc complètement en marge du fonctionnement mental préconscient. Dunbar est la première à avoir décrit ce caractère propre à la somatisation [1].

La répression, dont Parat [2] a souligné l'intérêt théorique en psychosomatique, reste assez mystérieuse. C'est à partir de l'observation clinique des travailleurs soumis au salaire aux pièces que l'on peut approcher le mécanisme d'action de la répression. En effet, ce type d'organisation du travail suscite de façon expérimentale la répression et la dépression essentielle [3]. L'ouvrier aux pièces doit lutter contre son fonctionnement mental et contre toute forme de retour du refoulé qui entreraient inévitablement en concurrence avec la mobilisation et l'investissement sensori-moteurs qui sont dans cette situation une exigence continue de chaque instant, sans faille aucune. Aussi peut-on montrer que l'exercice excessif et forcené de performances sensori-motrices peut arrêter le fonctionnement préconscient. En fait, il ne s'agit pas de n'importe quelle performance. La tâche est répétitive et stéréotypée, et ce caractère est fondamental pour que s'inaugure la voie de la répression instinctuelle.

Depuis ces observations cliniques faites sur le ter-

---

1. H. F. Dunbar, *Mind and Body. Psychosomatic Medicine*, New York, Random House, 1955.

2. C. Parat, « Réflexions et questions », *IIe Journée d'étude de l'Institut de psychosomatique*, ronéo, 19 février 1983, p. 76-80.

3. C. Dejours, *Travail : usure mentale. Essai de psychopathologie du travail*, Paris, Centurion, 1980.

rain de l'entreprise, nous avons pu dans plusieurs cas retrouver un mécanisme similaire de répression chez les caractéropathes. Ils s'engagent dans une activité sensorielle, motrice, ou cognitive, répétitive et stéréotypée à cycles courts, qu'ils s'imposent artificiellement, puis procèdent à une montée en cadence (récitation de prières, balancements répétitifs et accélérés, rotations, bruits répétitifs pseudo-musicaux, etc.), jusqu'à ce que survienne une paralysie mentale plus forte que la stimulation par la réalité. La crise survient alors, crise somatique qui peut prendre la forme d'une convulsion (épilepsie, tétanie) ou d'une poussée d'insuffisance respiratoire (asthme) ou cardiaque (HTA, tachycardie), etc.

Certains malades qui ont une affection chronique savent d'ailleurs déclencher des crises de façon quasi volontaire pour décharger l'excitation venue de la violence instinctuelle : certains épileptiques se font tournoyer sur place jusqu'à ce que la crise se déclenche. Certains asthmatiques se soumettent à des cadences cognitives pour déclencher leur crise. Ce point est fort intéressant dans la pratique, car il ouvre sur la possibilité qu'ont certains patients de déclencher activement la somatisation pour éviter le passage à l'acte, et même parfois le délire[1].

Il faut aussi considérer qu'une fois frayée, la voie de la somatisation se recrute plus aisément qu'avant d'avoir été ouverte, de sorte que peu à peu la somatisation peut fonctionner comme une soupape usée, tandis que parallèlement la symptomatologie psychonévrotique tend à s'effacer.

---

1. C. Dejours, « Le corps érogène entre délire et somatisation », *Psychiatries*, 80-81, 1987, p. 13-20.

Délire et somatisation

Le clivage, nous l'avons vu, n'est donc pas le monopole du pervers, sur lequel nous allons d'ailleurs revenir plus loin. On le retrouve chez le caractéropathe, le psychotique, le psychopathe et le névrosé. La distinction entre les structures, dans la référence à la troisième topique, procède donc de deux éléments :

– Où se trouve la barre du clivage et quelle est l'importance de l'inconscient amential par rapport à l'inconscient refoulé ?

– Quel est le (ou les) mécanisme de défense fondamental qu'utilise le sujet lorsqu'il y a effraction du déni, pour lutter contre l'éclatement de la troisième topique et traiter les poussées de l'inconscient amential ?

De la réponse à la deuxième question dépend finalement la structure du patient. Pour se défendre de l'effet d'une rencontre avec la réalité qui franchit la barrière du déni et atteint la zone de sensibilité de l'inconscient :

– le névrosé met en latence la perception et les pensées nées de cette perception pour les refouler ultérieurement grâce au rêve ;

– le psychotique oppose à la perception un rejet hors topique ;

– le psychopathe s'attaque à la réalité grâce au passage à l'acte ;

– le caractéropathe s'oppose à la sensation en faisant recours à la répression.

Il est à noter que la mise sous tension de la topique par l'épreuve de réalité peut ne pas remettre en cause le clivage dans la psychopathie et dans la caractérose. En revanche, le clivage explose dans la décompensation dissociative et se déplace dans la crise névrotique.

Est-ce à dire que cette schématisation des structures soit toujours valide en clinique ? À la vérité, on constate que si chaque patient use d'un mécanisme défensif préférentiel pour défendre son organisation topique, il peut aussi utiliser dans une moindre mesure les autres mécanismes, même si c'est de façon alternative ou accessoire.

La référence à la troisième topique conduit ainsi à remettre en cause l'antagonisme fondamental selon lequel seules les névroses de caractère et de comportement (caractéroses) pourraient somatiser, cependant que les névrosés et les psychotiques « bien mentalisés » seraient protégés de la somatisation. À notre avis, cette affirmation est, *grosso modo*, acceptable, mais sa généralisation est erronée. N'importe quelle structure, dans la mesure où il y a clivage, et où la zone de sensibilité de l'Inconscient est protégée par le déni, est susceptible de réagir à l'épreuve de la réalité par une somatisation, par un passage à l'acte ou par une hallucination. Dans la pratique, il n'est pas aussi rare qu'on le dit d'observer des psychoses, même bien organisées, qui sont à un moment victimes de somatisations. Il n'est d'ailleurs pas rare qu'alors le délire se calme quelque peu. Les névrosés, aussi bien mentalisés soient-ils, ont aussi une zone de fragilité et la somatisation est possible. Freud lui-même en est un exemple clinique notable. Les psychopathes peuvent parfois délirer, et peuvent aussi somatiser. Enfin, il est des caractéroses capables et de délirer et de somatiser (rectocolites hémorragiques, polyarthrite rhumatoïde, asthme, psoriasis, etc.), et même de faire alterner délire et somatisation. Le passage à l'acte enfin est évidemment possible dans n'importe quelle structure.

De toute façon, quelles que soient les manifestations pathologiques, elles résultent toutes de la stimulation de l'inconscient non refoulé (et de la violence qui la caractérise) par une rencontre avec la réalité qui passe outre le déni couvrant la zone de sensibilité de l'inconscient.

Perversion et passage à l'acte

Quel rapport y a-t-il entre le clivage envisagé ici à propos de toutes les structures psychiques et le clivage décrit par Freud à propos des perversions ? La plupart des perversions organisées, dans la mesure où elles impliquent le désir et le consentement entre les partenaires, ressortissent aux destins de l'inconscient sexuel. Ce sont les perversions visées par Freud, comme, par exemple, le fétichisme, qui passe par un jeu subtil entre amants. Certaines formes de sadomasochisme[1] relèvent de la même économie érotique.

D'autres perversions, en revanche, passent par des conduites ne respectant pas le désir ou le consentement de l'autre, et sont manifestement exécutées sur le mode de la compulsion. Elles s'apparentent, de ce fait, davantage au passage à l'acte qu'à la perversion *stricto sensu*. Elles ont toutefois en commun avec la perversion de se déployer électivement sur le terrain sexuel. Ces perversions-passages à l'acte, qui impliquent la violence contre les corps, le mal caractérisé et, de façon non exceptionnelle, le meurtre, sont mieux connues des aliénistes, des psychiatres, des médecins légistes et des magistrats que des psychanalystes[2]. Dans ces cas,

1. R. J. Stoller (1975), *La Perversion, forme érotique de la haine*, Paris, Payot, 2000 ; R. J. Stoller (1979), *L'Excitation sexuelle. Dynamique de la vie érotique*, Paris, Payot, 2000.

2. R. Krafft-Ebing, *Psychopathia sexualis*, Stuttgart, Ferdinand Enke Verlag, 1912 ; G.-C. de Clérambault, *La Passion des étoffes chez un neuropsychiatre*, Paris, Solin, 1981 ; R. J. Stoller,

les conduites perverses témoigneraient, par leur caractère compulsif, de l'engagement de l'inconscient amential (non refoulé) et, par leur caractère sexuel, d'une co-excitation sexuelle venant de l'inconscient sexuel (refoulé). Le clivage, ici, concerne non seulement le Moi, mais l'inconscient lui-même. Il ne correspondrait pas seulement à un déni, en secteur, de la différence des sexes, mais à l'érotisation de la compulsion elle-même.

L'acte pervers vise en quelque sorte à contrôler l'excitation instinctuelle, non pas en la conservant intra-topique, mais en la canalisant périodiquement, et selon un scénario fixé à l'avance, dans la voie de la décharge somatique érotisée.

Le pervers réussit ainsi à se dédouaner de sa violence sans avoir à la connaître, puisqu'il la joue comme partie érotique et non comme partie de violence. La violence perverse est précisément et spécifiquement cette stratégie qui consiste à la dévier sans la refouler, sans mettre en péril son appareil psychique ni sa topique.

En ce sens, on est en droit de reconnaître une perversion dans les stratégies déployées par certains psychotiques, psychopathes et caractéropathes qui parviennent à trouver des issues à leur violence, sans que jamais le préconscient n'en soit informé ni redevable. C'est ce dispositif qui permet à tous ces malades d'exercer une violence notoire dans la vie, tout en réservant aux autres le visage humain et sensible de leur préconscient.

Ce point est fondamental, car il suggère que, somme toute, puisque toute structure est porteuse d'un clivage, il y aurait théoriquement moyen, dans

---

La Perversion, op. cit. ; R. J. Stoller, *L'Excitation sexuelle, op. cit.*

certaines conditions, de décharger sa violence à l'insu du préconscient.

À ce point du développement, il convient de faire mention d'une autre stratégie défensive contre la levée du déni et l'irruption de la violence instinctuelle. Il s'agit de l'utilisation des psychotropes. Il n'est plus question ici de défense ni mentale, ni comportementale, ni caractérielle, ni délirante. Le recours aux psychotropes, qu'il s'agisse des anxiolytiques, des antidépresseurs ou des neuroleptiques, vise spécifiquement les poussées de l'inconscient amential. L'action pharmacologique se fait au niveau du corps physiologique et des dispositions instinctuelles qu'elle modifie, en général dans le sens de l'atténuation ou de la sédation, plus rarement dans le sens de la stimulation (désinhibition), parfois en fonction des doses (en particulier pour l'alcool), parfois en fonction des produits (psychoanaleptiques, cocaïne, « angel dust », etc.). Tous ces produits ont en commun d'agir sur les réactions compulsives aux stimulations de la zone de sensibilité de l'inconscient amential (non refoulé). Ce faisant, ils diminuent la tension entre inconscient refoulé et inconscient amential, et jouent un rôle protecteur pour le clivage et la stabilité topique. On ne s'étonnera pas de ce que l'usage des drogues et la dépendance, qu'elle soit psychique ou physique, soient surtout le fait des patients dont les systèmes conscient et préconscient sont de faible épaisseur, laissant une large zone de sensibilité de l'Inconscient sans protection face à la réalité (*cf.* figure 8). Les psychopathes, qui n'ont pour défense principale que le passage à l'acte, sont par conséquent les meilleurs candidats aux toxicomanies.

Il faut ici mentionner, à partir de la question des toxicomanies, les conséquences à terme de l'usage des drogues, des médicaments et des défenses contre la violence qui font l'économie de la perlaboration par le rêve.

Nous avons insisté sur le caractère « accidentel » possible de la levée traumatique du déni par la réalité, quelle que soit la structure mentale envisagée. Il faut, à partir d'une telle hypothèse, envisager les conséquences de l'accident de décompensation sur l'avenir économique à long terme du fonctionnement mental. Que le clivage soit sauvé par recours à la drogue, ou par somatisation par exemple, il se peut que désormais l'avenir du patient tout entier soit grevé par cette expérience.

En effet, nous pensons que lorsqu'une telle voie est ouverte par la décompensation, elle ménage une sorte de ligne de fracture qui restera pour toujours inscrite dans la troisième topique, comme un frayage indélébile. Le risque est alors, sauf effort fondamental du patient pour trouver d'autres voies que celle ainsi frayée (par exemple, par un traitement psychanalytique), de voir malgré lui s'engouffrer par la ligne de fracture toute excitation en excès déclenchée par les rencontres ultérieures avec la réalité.

Il n'est probablement pas du tout identique d'avoir ou de ne pas avoir décompensé, quelle que soit la structure considérée. Toute décompensation accroîtrait le risque d'une nouvelle décompensation ou de l'installation dans un mode de fonctionnement où la décompensation absorbe chroniquement une part de l'énergie instinctuelle, désormais perdue pour la vie mentale et pour l'enrichissement de l'inconscient refoulé. On pourrait comparer cela à l'adage médical qui dit que celui qui a fait une décompensation cardiaque en fera d'autres. Sa capacité d'action se trouve amputée d'autant. De même, l'usage des psychotropes fraye une voie au traitement de l'inconscient amential, qui fait précédent et attire ensuite à la répétition.

Ontogenèse de la structure

Si nous avons pu resituer les différentes structures dans une topique unitaire et ne les distinguer entre elles que par la position de la barre de clivage et par les mécanismes préférentiels de défense contre l'épreuve de réalité, il reste que chaque sujet en vient à accorder un rôle privilégié à la forclusion par exemple, plutôt qu'au passage à l'acte ou à la répression.

La référence au rôle joué par la rencontre intersubjective dans la décompensation, ainsi que nous l'avons souligné plus haut, suggère que le choix de la défense organisatrice n'est pas indépendant de cette relation.

C'est dans l'économie familiale qu'il faut chercher l'origine de ce choix. D. Braunschweig et M. Fain ont par exemple fourni une analyse détaillée de la constitution du déni chez l'enfant à partir de ce qu'ils appellent « l'identification à la mère dans la communauté du déni [1] ». Lorsque l'enfant risque de rencontrer dans la réalité certaines épreuves que sa mère n'a elle-même pas symbolisées, il reçoit d'elle un modèle qu'il reprend à son propre compte, non seulement parce que ce recours est simple, mais aussi parce qu'en renonçant à jouer avec ces interrogations, il protège sa propre mère de la décompensation.

Quoi qu'il en soit de la modalité défensive préférentielle, le clivage dans cette conception *n'apparaît donc pas comme un mécanisme de défense spécifique. Il n'est que la résultante finale, au niveau de la structure, des autres mécanismes défensifs*. Le clivage est

---

1. D. Braunschweig, M. Fain, *La Nuit, le Jour. Essai sur le fonctionnement mental*, Paris, PUF, 1975.

un concept topologique et non un concept dynamique.

Nous avons exploré avec la troisième topique les différentes manifestations de l'inconscient non refoulé par rapport aux décompensations dans les grandes structures. C'est pourquoi nous n'avions envisagé que les mécanismes destinés à protéger le clivage des risques de décompensation, et remis à plus tard l'analyse d'autres issues à la violence en dehors des décompensations. Nous les retrouverons au cours du chapitre suivant.

CHAPITRE V

La pulsion de mort

Théories des pulsions

Dans la première théorie des pulsions, Freud propose de distinguer entre elles deux types fondamentaux : les pulsions sexuelles d'une part et les pulsions d'autoconservation d'autre part. Entre ces deux contingents de pulsions, le conflit est irréductible et devra traverser toute l'existence de l'Homme. Il y a, dans les implications logiques de cette théorie, de nombreuses questions qui restent sans réponse et dont on trouvera la dimension dans les Actes du colloque sur psychanalyse et biologie[1]. Toujours est-il que les pulsions sexuelles seraient censées indiquer la voie du plaisir sans tenir compte des dangers éventuels qu'elles font courir au sujet. Elles suggèrent surtout une trajectoire tournée vers l'objet, ce qui les oppose radicalement à l'égocentrisme fondamental des pulsions d'autoconservation. Freud admet par ailleurs, à cette époque, que les pulsions

1. F. Gantheret, J. Laplanche, S. Leclaire, « Biologie et psychanalyse », *Psychanalyse à l'université*, 7, 1982, p. 533-560.

d'autoconservation sont bien héritées de la phylogenèse[1].

Pourquoi Freud a-t-il éprouvé le besoin d'élaborer une autre théorie des pulsions à partir de l'« Au-delà du principe du plaisir », si ce n'est précisément pour cerner des forces qui résistent à l'analyse et s'opposent au succès du traitement psychanalytique ? La compulsion de répétition n'est pas du ressort de l'investigation dynamique. Elle relève directement de l'économique. Certains auteurs, à juste titre, insistent sur les motifs inconscients de Freud et sur l'étape de sa trajectoire créatrice lorsqu'il introduit la théorie de la pulsion de mort[2]. En effet, à cette époque, Freud est atteint d'un cancer de la mâchoire. De fait, la pulsion de mort ne peut se comprendre sans référence à la somatisation, bien que Freud n'en parle pas explicitement. Mais il le signifie clairement dans ses métaphores biologiques et dans la fonction désorganisatrice du vivant véhiculée par la pulsion de mort.

Effectivement, le concept de pulsion de mort invite à une investigation de la clinique non névrotique, ce à quoi Freud n'a pas procédé lui-même. Pour ses contemporains et pour nombre de ses successeurs qui se consacrent à la seule clinique de la névrose, la pulsion de mort apparaît comme un concept plutôt gênant. Au point que certains y renoncent franchement. Ceux qui ont opté pour l'orthodoxie, avec cette exigence que Freud a tenue jusqu'à la fin de son œuvre de la référence à la pulsion de mort, ont cherché, avec un succès médiocre d'ailleurs, à en déceler les manifestations dans la clinique de la névrose. Mais, en général, les résultats se limitent à ne repérer la pulsion de mort

1. S. Freud, *Trois essais sur la théorie sexuelle*, 1907.
2. J. Le Beuf, « Au-delà des névroses actuelles », communication à la Société psychanalytique de Montréal, avril 1976.

que dans la tendance à la répétition à laquelle sont exposés tous les patients, y compris les névrosés.

En revanche, pour qui s'aventure hors du champ de la névrose, la pulsion de mort devient une référence incontournable. Du côté de la psychosomatique, on sait l'importance que Marty accorde à ce concept[1]. Pourtant, ainsi que le signale Braunschweig[2], la théorie de Marty peut être comprise comme fondamentalement moniste au regard des pulsions. La désorganisation psychosomatique ne s'inscrit en définitive que comme négatif de la pulsion de vie, et n'a pas d'existence propre ni de nature spécifique. Y persiste un lien de proportionnalité entre pulsion de vie et pulsion de mort qui revient à n'envisager qu'une seule pulsion fondamentale dont les mouvements scandent dans un sens des effets d'organisation et de vie, et dans l'autre sens des effets de désorganisation et de mort.

Si l'on accepte de nous suivre dans la description de la troisième topique, on constatera sans difficulté l'hétérogénéité fondamentale des deux parties de l'appareil psychique. Inconscient sexuel et préconscient seraient le lieu de circulation et de fonctionnement de la pulsion de vie, de la libido, et d'Éros. En revanche, l'inconscient proscrit (ou amential) serait le réservoir d'un potentiel mortifère, dans la mesure où il aurait affaire avec des mouvements réactionnels et des comportements d'un tout autre ordre que ceux de l'inconscient sexuel. Ces derniers ne résultent d'aucun refoulement, d'aucune transformation par un processus mental. Les règles de fonctionnement de l'inconscient amential n'ont rien

---

1. P. Marty, *Mouvements individuels de vie et de mort*, Paris, Payot, 1976.

2. D. Braunschweig, « Psychosomatique et psychanalyse », *in* M. Fain, C. Dejours, *Corps malade et corps érotique*, Paris, Masson, 1984, p. 116-122.

à voir avec celles de l'inconscient sexuel. Ses manifestations sont toujours marquées par l'urgence d'une décharge ; par le caractère stéréotypé et compulsif de ses actualisations, qui s'identifie exactement à la compulsion de répétition ; et par la connotation de violence qui sous-tend tous ces comportements – violence qui est le résultat inévitable de ce que l'inconscient amential réagit sans pensée, donc sans liaison et même comme actualisation d'un principe de dé-liaison vectorisé vers la confusion *(amentia)*.

On conçoit que, dès lors, il n'y ait pas de continuité possible du besoin au désir, ni de l'instinct à la pulsion. Sur ce point, nous rejoignons le point de vue développé par Lacan [1]. Les deux contingents restent à jamais séparés par le clivage.

Que les manifestations de l'inconscient amential visent la destruction de l'objet, la déstructuration de l'appareil psychique ou la désorganisation des régulations biologiques, on constate que ce sont toujours des figures de la pulsion de mort.

En d'autres termes, l'inconscient amential se manifesterait comme force de mort, sauf si ces manifestations peuvent être reprises à doses filées par le préconscient grâce à la mise en latence, ce que seul le névrosé peut accomplir de façon habituelle. Les autres structures n'y parviennent que moins régulièrement ou occasionnellement seulement.

L'inconscient sexuel, au contraire, se manifeste par les retours du refoulé dans un calme relatif si on le compare à ce qui se passe de l'autre côté du clivage. Du côté du préconscient, les manifestations de l'inconscient ne sont pas destructrices et il y a

---

1. J. Lacan, *Les Quatre Concepts fondamentaux de la psychanalyse* (1964), Paris, 1973 ; J. Lacan, *Les Formations de l'inconscient. Séminaire 1957-1958. Livre V*, Paris, Seuil, 1973.

toujours la possibilité de reprendre les choses par la voie du rêve et du refoulement organisateur.

Le jeu du désir, qui prend place ici dans l'ordre du représenté et du symbolisé, ouvre l'accès au corps érotique, aux relations objectales et à l'érotisme, c'est-à-dire à la pulsion de vie. Le règne du rêve et du refoulement sur cette partie de la vie mentale se traduit par l'enrichissement progressif de l'inconscient sexuel et par un effet d'organisation sur l'appareil psychique. Organisation, capitalisation des expériences vécues et construction de l'histoire singulière du sujet : on est ici dans le registre spécifique d'Éros et de la pulsion de vie, non compulsive, non répétitive et organisatrice du vivant.

La logique de notre développement nous conduit donc à la conclusion que la première théorie des pulsions de Freud, qui distingue pulsions d'autoconservation et pulsions sexuelles (entendons : sexualité psychique, corps érotique et désir), est en fait la même que la deuxième qui distingue entre pulsion de vie et pulsion de mort. Il s'agirait de deux formulations différentes, correspondant à deux étapes du développement théorique de la psychanalyse, la dernière théorie étant effectivement beaucoup plus large que la première.

Si l'on admet cette équivalence des deux théories, on ne peut manquer de repérer un paradoxe fondamental qui a probablement été insurmontable pour Freud : ce qui s'inscrivait logiquement comme autoconservation dans la première théorie devient force de mort dans la dernière. Cela paraît inconciliable.

On peut essayer d'interpréter ce paradoxe. Schématiquement, nous ne donnerons ici que quelques jalons d'une discussion qui sera plus explicitement reprise dans la conclusion. La sollicitation, par la rencontre avec l'autre, de la zone de sensibilité de l'inconscient et, à travers elle, de l'inconscient non refoulé, se traduit d'abord et avant tout par le risque de l'expérience du vide, de l'insensibilité et de l'effacement de la vie en soi (sollicitation des parties du corps exclues pendant l'enfance de la subversion libidinale par la violence exercée par l'adulte contre la capacité de penser de l'enfant). Le risque psychique, *via* la déstructuration de la pensée et du Moi, c'est l'expérience de la confusion *(amentia)*.

La perspective de cette spirale délétère génère l'angoisse, qui prend alors la forme d'un affolement, d'une terreur interne, voire d'un état de panique. La lutte ultime contre la désorganisation et la confusion, si elle est encore possible, ne peut, en l'absence de travail de la pensée, se manifester que par des comportements compulsifs et de la colère (nous verrons dans la conclusion les rapports entre cette colère et les comportements portés par l'instinct et l'attachement). À ce stade, le sujet fait l'expérience de la compulsion. Cette dernière est une figure embryonnaire de la violence. La violence n'acquiert sa forme finale que lorsque la compulsion se trouve augmentée et démultipliée par la co-excitation sexuelle, c'est-à-dire lorsque l'excitation venant de la colère, éprouvée comme une conjuration ultime du risque du vide, est relayée par le plaisir sexuel d'éprouver une excitation revenue et augmentée en soi dans le contact violent avec le corps de l'autre. Le sujet se retourne contre l'autre parce que c'est à cause de la présence même de ce dernier qu'il éprouve soudain la progression terrorisante du vide en lui. Et c'est grâce à la violence contre le corps de l'autre qu'il parvient à ressentir à nouveau de l'excitation en lui et, ainsi, à écarter le spectre de la mort psychique. Un état d'ivresse et de jouissance peut alors s'enclencher et s'accroître de la contribution fantasmatique à la puissance retrouvée. Dans la perspective de la troisième topique, la sollicitation de l'inconscient amential ne provoque pas initialement la violence, mais la désorganisation de la pensée. C'est la peur du vide intérieur qui constitue le déclencheur, la peur de la mort affective. La colère compulsive est une réaction éperdue de fuite. Son érotisation est ce qui la transforme en violence.

On retrouve dans ce processus réactionnel la dimension de l'autoconservation : lutte contre la mort en soi, contre l'expérience terrorisante du corps qui se dérobe à soi-même, de la subjectivité qui s'absente, ou encore de la désubjectivation. Mais, en fin de compte, la sollicitation de l'inconscient amential se traduit par une réaction mortifère, soit pour le Moi (désubjectivation), soit pour l'autre (érotisation de la colère). On retrouve ici les deux formes classiquement thématisées de la pulsion de mort : désorganisation et déliaison d'une part, violence d'autre part.

Si les instincts d'autoconservation sont au service de la vie animale, ils demeurent aussi, chez l'homme, la source énergétique fondamentale. De sorte que l'autoconservation se révèle bivalente : elle véhiculerait la mort lorsqu'elle déclenche une réaction compulsive en réponse à la menace de privation ou de séparation ; elle véhiculerait au contraire un « principe vital » lorsque, par le truchement de la subversion libidinale, elle cède son énergie à la pulsion de vie qui, intégralement psychique, ne saurait, elle, avoir sa propre source d'énergie. La vie affective et érotique de l'homme se constituerait par une lutte contre l'actualisation de l'autoconservation, en dérivant à son profit l'énergie qu'elle prélève sur les forces instinctuelles. Ce processus a été décrit au début de ce livre à l'aide de la métaphore du moulin. La contrepartie de ce processus extraordinaire qu'est la subversion libidinale, c'est qu'il laisse chez tout sujet derrière lui des résidus instinctuels non subvertis (dont on verra dans la conclusion les rapports avec l'instinct d'attachement), à proportion de ce qui, dans les fonctions physiologiques, a été exclu de la subversion par la violence parentale. Mais la subversion libidinale, même inachevée, gauchit l'ordre naturel et dénature l'homme en profondeur. Le résidu instinctuel sédimente sous la forme de l'inconscient non refoulé. L'instinct chez l'homme ne peut plus se faire connaître comme instinct. Il est dénaturé. Lorsqu'il se manifeste au sein de l'ordre érotique, il prend la forme de la pulsion de mort. Telle est la contrepartie topique de la subversion libidinale. (Si cette dernière ne rencontrait pas de limite, l'homme pourrait s'égaler à Zeus et aspirer à l'immortalité.)

Destins « non pathologiques » de la pulsion de mort

Nous avons déjà évoqué à plusieurs reprises la perversion à propos de la troisième topique. Il nous faut y revenir une fois de plus pour différencier d'autres destins de l'inconscient amential qui ne sont pas dans le registre de la pathologie et n'apparaissent pas comme pulsion de mort. Un seul d'entre eux a été présenté pour caractériser le fonctionnement de la structure névrotique, à savoir la mise en latence de la perception et des pensées qui en dérivent lorsque l'épreuve de réalité n'a pas un caractère traumatique et que l'excitation peut momentanément être retenue au lieu d'être immédiatement déchargée. Ce processus complexe de perlaboration qui s'achève par le rêve consiste donc pour le névrosé à ne pas tricher avec l'inconscient amential et ses émergences, et à s'efforcer au contraire de trouver des moyens de négocier avec sa violence pour finalement l'intégrer de façon progressive. Ce faisant, il accepte de remettre en cause son clivage fondamental et parvient à déplacer progressivement la barre de séparation entre les deux secteurs de son appareil psychique.

Il faut ici préciser que le névrosé est le plus apte à procéder de la sorte, mais qu'il n'est pas seul à le faire. Les autres patients, bien que structurés différemment, savent aussi parfois faire comme le névrosé, quoique plus difficilement.

À l'inverse, le névrosé peut parfois aussi user du passage à l'acte, ou de la répression. Dans ces occasions, il se rapproche des autres structures mentales et l'on peut dire qu'il « s'arrange » à moindres frais avec sa violence, dont il se dédouane à l'insu du préconscient. De près ou de loin, et en vertu des modalités diverses que nous avons parcourues au chapitre IV, toutes les structures possèdent un moyen de jouer leur violence en protégeant la méconnaissance de cette fragilité fondamentale qui a été désignée du nom de zone de sensibilité de l'inconscient.

On peut envisager cinq destins non pathologiques de la pulsion de mort : la perlaboration par le rêve, la relation d'emprise, l'amour, la réalisation pulsionnelle par la perception, la sublimation. La perlaboration par le rêve a déjà été envisagée ; je ne la reprendrai donc pas ici. La relation d'emprise sera analysée dans la conclusion. La relation d'amour, pour pouvoir être abordée, supposerait un long détour par l'analyse du narcissisme qui ne peut prendre place ici[1]. Je traiterai donc des deux dernières.

---

1. Sur ce point, voir C. Dejours, « Psychanalyse et morale sexuelle », *in* S. Bateman, *Morale sexuelle*, Actes du séminaire du CERSES-CNRS, volume 2, Paris, 2001.

LA RÉALISATION PULSIONNELLE PAR LA PERCEPTION

Il s'agit d'un destin très fréquent de la pulsion de mort qui ne « paie pas de mine », bien que sa fonction économique soit probablement très importante. La réalisation de la pulsion de mort par la perception se joue le plus souvent dans la sphère professionnelle, mais elle se manifeste aussi parfois dans d'autres situations, moins faciles à débusquer, de la vie privée. Le patient s'engage professionnellement dans une activité qui le met quotidiennement en contact avec l'horreur ou la souffrance, d'une façon un peu particulière. Le métier et le statut social fonctionnent comme alibis d'une jouissance secrète tirée de la perception de certaines situations atroces. On en trouve de nombreux exemples parmi les métiers des abattoirs et des boucheries, des morgues, instituts médico-légaux et autres pompes funèbres, des armées, polices et autres milices, etc. Souvent, ces gens mènent en quelque sorte une double vie qui reproduit fidèlement le double fonctionnement psychique séparé par la barre de clivage. Pendant la journée de travail, ils exercent leur sadisme sans compter et, de retour chez eux, apparaissent comme les personnages les plus pacifiques, les plus urbains et les plus sensibles qui soient. Tout se passe comme si leur vie affective, leur sexualité psychique et leurs dérivés se jouaient à l'insu de leur violence, probablement grâce à l'exercice en d'autres lieux et d'autres temps de leur pulsion de mort.

Il s'agirait en quelque sorte d'un passage à l'acte permanent et tranquille, au jour le jour, bien policé et en toute bonne foi. De leur sadisme, ils ne se sentent généralement nullement coupables, car il s'exerce en marge du préconscient, de la pensée et de la culpabilité.

Cette stratégie de réalisation pulsionnelle est parfois déroutante, tant elle est préservatrice pour le clivage et protectrice pour le jeu calme du préconscient qui reste à l'abri. C'est ainsi que, pendant les guerres ou dans certains pays actuellement, nombre de gens participent activement à des œuvres de violence, de sadisme, voire de torture, et rentrent chez eux pour être sincèrement les meilleurs époux et les meilleurs parents, en toute innocence. Il s'agit là d'une sorte de « perversion normale ». Les criminels nazis ont fourni de nombreux exemples de ce clivage au point de clamer, jusque dans leur procès pour crimes de guerre, leur innocence, en toute sincérité. Les formes moins caricaturales de ce clivage sont rendues possibles dans une infinité de situations sociales.

Nous relèverons cependant une situation un peu particulière qui cache habilement sa fonction et qui revêt en matière de psychanalyse une importance considérable. Tous ceux qui choisissent de travailler auprès de malades mentaux sont *a priori* suspects de profiter de cette occasion pour satisfaire leur sadisme en toute bonne conscience. Notamment ceux qui s'occupent des malades chroniques en sachant plus ou moins formellement que ces derniers ne guériront pas. Cela pose un très grave problème dans la pratique, car de nombreux « soignants » viennent chercher principalement auprès des malades l'occasion de satisfaire leur pulsion d'emprise et non pas de lutter contre elle. Le résultat est que, inconsciemment, ils ne cherchent pas à guérir les malades, mais à les « accompagner » dans leur souffrance, pour jouir passivement du spectacle. C'est là que se situe, notamment dans les hôpitaux psychiatriques, mais probablement pas uniquement là, l'obstacle principal à la transformation institutionnelle qui viserait non pas la constitution de « lieux de vie » pour les malades, mais de véritables structures de soins. La même difficulté se retrouve parfois dans le travail psychothérapique parmi les thérapeutes qui n'ont pas abordé ou poussé suffisamment loin leur analyse personnelle pour ébranler leur propre clivage. Le résultat constant est immanquablement que les psychothérapies n'atteignent pas non plus le clivage des patients. C'est dire que, dans ces cas, on ne peut pas parler de psychanalyse, mais plutôt d'identification dans la communauté du déni[1].

Nous avons plus haut rapproché la « réalisation pulsionnelle par la perception » du passage à l'acte. On objectera à cette comparaison, sans doute, que nombre d'entre elles sont des sublimations. Avant de considérer les différences entre la réalisation par la perception et la sublimation, il faut procéder à l'élucidation du mécanisme à l'œuvre dans la première d'entre elles.

À vrai dire, la réalisation par la perception n'est pas similaire au passage à l'acte. Elle en est la forme inversée. Le passage à l'acte est une réaction brutale du sujet à l'épreuve de réalité. Le *primum movens* du processus qui conduit au passage à l'acte est la stimulation de l'inconscient amential par la rencontre avec la réalité. La perception de la réalité franchit la barrière du déni et atteint l'inconscient au niveau de la zone de sensibilité. Dans la réalisation par la perception, il s'agit du processus inverse. C'est le sujet qui, soumis à la poussée instinctuelle venue de l'inconscient amential, va chercher intentionnellement l'occasion d'une décharge satisfaisante. L'inconscient amential est hors d'accès de sa pensée, de sorte que le sujet recherche à l'extérieur, dans la réalité, une *situation* qui donne en quelque sorte à la motion instinctuelle la *forme* qui lui fait défaut. Cette forme, cette Gestalt, lui est donc

---

1. D. Braunschweig, M. Fain, *La Nuit, le Jour. Essai sur le fonctionnement mental*, Paris, PUF, 1975.

fournie de l'extérieur par la *perception* d'une situation adéquate à son besoin. À la place d'une *représentation* mentale, le sujet va se servir et se satisfaire d'une *perception* qui apporte la satisfaction. Ce processus se rencontre de façon habituelle chez les sujets « faux self » compensés (*cf.* chapitre IV, figure 6). Il n'est pas rare que ces patients consacrent une part importante de leur vie à courir après des situations nouvelles, après des expériences dans la réalité, de façon à y rencontrer des perceptions adéquates, capables de donner un contenant et une forme à leur violence clivée. Ainsi, beaucoup de comportements d'hyperactivité frénétiques prennent-ils leur sens. Là où les psychosomaticiens ne voient généralement que l'aspect économique de cette frénésie d'action, en y décelant la fonction de décharge pour le sujet structuré en névrose de comportement, on peut peut-être y déceler un sens bien caché : la recherche de situations spécifiquement adaptées et capables de se mettre en résonance avec les motions portées par l'inconscient non refoulé.

C'est en raison de ce recours à la perception que nous avons donné à cette stratégie le nom de satisfaction par la perception. Sa caractéristique est d'en rester au niveau de la perception et de la décharge réjouissante, sans atteindre le niveau de la représentation mentale qui impliquerait sa prise en charge par le préconscient, et donc le risque de faire surgir un conflit.

LA SUBLIMATION

À la différence de la satisfaction par la perception, la sublimation emprunte aussi à l'inconscient refoulé, de sorte qu'elle est *une des formes majeures de liaison pulsionnelle*. La sublimation à l'œuvre dans la création artistique, dans la recherche scientifique et dans la vie religieuse selon Freud, réalise un rapport spécifique entre inconscient et réalité qui passe directement de la pulsion à une œuvre reconnue comme socialement bonne, sans passer par l'étape érotique.

La distinction entre sublimation et réalisation par la perception passe par la nature de la perception recherchée. En effet, dans la sublimation comme dans la réalisation par la perception, le processus ne va pas jusqu'à la représentation mentale intériorisée. La satisfaction pulsionnelle est obtenue ici et là par une perception.

Mais la sublimation, c'est là sa spécificité, passe par *la création de la forme à percevoir par le sujet lui-même,* alors que, dans la réalisation par la perception, le sujet part à la recherche, dans la réalité, d'une forme déjà existante. Le créateur agit donc sur la réalité non pas pour la rencontrer seulement, mais pour l'enrichir d'une nouvelle forme qui n'existait pas jusque-là. Même si la satisfaction se joue directement de l'inconscient à la création de la forme à percevoir, c'est-à-dire que l'œuvre de la sublimation n'est pas équivalente à une représentation mentale, la sublimation n'est pas un processus totalement coupé du préconscient. Ce sur quoi travaillent l'artiste ou l'artisan n'est pas cause d'une jouissance à leur insu. Ils ne sont d'ailleurs pas enclins à en jouir sans retenue. Ils ont besoin de l'autorisation, ou de l'approbation des autres, sinon ils doutent de la légitimité de leur œuvre. En ce sens, l'œuvre sublimatoire a une fonction de compromis que n'ont pas la perception du pervers ni sa jouissance. L'inadéquation entre la forme créée et la jouissance toujours incomplète de l'artiste ouvre la porte à la sublimation en lui faisant percevoir aussi le manque. De sorte que, sous la pression de la récurrence du manque, il doit reprendre son œuvre, la poursuivre et la faire évoluer. Cette perte d'équilibre permanente, et la tentative de le rétablir, qui engendre un processus évolutif, apparente la sublimation à une reconnaissance préconsciente du manque et de l'angoisse de la castration. La rétention de l'excitation qui fait souffrir et évoluer l'artiste – son angoisse, en d'autres termes – l'oblige à renégocier toujours avec l'inconscient non refoulé, c'est-à-dire ce qui le pousse au travail, mais qu'il ne peut pas penser (faute de refoulement).

L'œuvre créatrice, de plus, doit pour atteindre à ce statut échapper à la compulsion, au moins partiellement. Le cheminement évolutif de la sublimation s'oppose à la répétition de la perversion. L'œuvre compulsive est sans lendemain et n'assure aucune fonction économique durable, comme on l'observe chez de nombreux malades mentaux qui créent pendant une courte période, mais ne parviennent pas à poursuivre. La sublimation, ou mieux l'œuvre, en tant qu'elle requiert la continuité du processus, conjure donc les caractéristiques de la pulsion de mort auxquelles elle est chargée de trouver une issue : répétition, compulsion et violence matérialisées ont effectivement été *sublimées* par la création. C'est ce qu'on nomme en théorie le changement de *but* de la pulsion, sans lequel il n'y a pas de sublimation à proprement parler. La satisfaction par la perception, au contraire, se limite, au mieux, au changement *d'objet* de la pulsion. C'est sur ce point que se jouent les formes de passage de l'une à l'autre.

Avant de conclure sur les destins « normaux » de la pulsion de mort, il faut préciser que s'ils sont tous adaptés à la vie sociale, ils n'ont pas tous la même valeur au regard du fonctionnement mental.

La satisfaction par la perception, pour « normale » qu'elle soit dans le champ social, se fait à l'ombre du clivage, et le protège en retour, avec la bénédiction de la société. Ce destin de la pulsion de mort se situe en fait entre le passage à l'acte d'un côté, et la sublimation de l'autre. Et il faut beaucoup de soin pour en apprécier la teneur exacte, en clinique. En effet, c'est dans ce secteur que les investissements subissent le plus de mutations au cours de l'analyse, et une même activité peut dans un temps être pratiquée sur le mode de la jouissance propre au passage à l'acte et céder la place à un réajustement de la posture du patient qui, sans renoncer à s'impliquer dans ce secteur d'activité, y intervient dorénavant sur un tout autre mode qui l'apparente à la sublimation.

Violence et agressivité : la pulsion de mort a-t-elle un objet ?

Ce qui intéresse le psychanalyste, ce à quoi il est confronté par la clinique, ne se situe pas au niveau de l'instinct. Certes, il doit en découdre avec les émergences erratiques de ces poussées qui sont en rapport avec leur origine instinctuelle, mais il doit surtout travailler sur des expressions transformées de l'instinct, dont la satisfaction par la perception est la forme clinique ordinaire et dont le substrat est la pulsion d'emprise.

À l'évidence, il est des patients qui choisissent pour objet quelqu'un qu'ils peuvent effectivement manipuler, jusqu'à le pousser parfois franchement vers la mort. Il ne s'agit pas, bien sûr, que des meurtriers, mais aussi de ceux qui, à force de cruauté, acculent leur conjoint ou leurs enfants à la destruction, à l'épuisement, à la maladie mentale, à la folie ou à la maladie somatique.

Dans ces cas, le patient ne témoigne jamais (ou si rarement qu'on n'en a pas connaissance) de la moindre sympathie pour l'autre, de la moindre identification à celui qu'il fait souffrir. Au point que c'est cette caractéristique qui a valeur diagnostique, plus encore que les manifestations réelles ou avouées de violence. Et si les patients peuvent cacher à l'analyste leur violence, ils ne parviennent que rarement à lui communiquer une angoisse empathique authentique à l'égard de l'objet qui souffre auprès d'eux. Ce manque d'empathie et d'identification du sujet doit toujours faire suggérer que la souffrance de l'objet *rapportée par le sujet* est le résultat de son comportement sadique ou persécuteur. En d'autres termes, son insensibilité signe l'implication de l'inconscient clivé dans la souffrance de l'autre.

On trouvera un équivalent de cette stratégie de la violence dans l'absence de compassion ou d'empathie dont témoignent les sujets clivés qui usent, *larga manu*, de la satisfaction pulsionnelle par la perception.

C'est toujours dans le cadre de l'absence d'identification empathique qu'on peut découvrir la forme la plus banale de relation à « l'objet de la pulsion de mort ». Il s'agit de patients qui établissent avec l'objet une *relation blanche.* Cette relation est vide, le sujet ne témoignant d'aucun intérêt pour la façon dont l'autre fonctionne mentalement. La relation est réduite à sa plus simple expression et le patient ne peut généralement rien dire dessus, pas plus qu'il ne peut parler de l'autre, ni le rendre vivant pour l'interlocuteur. Ce mode relationnel pourrait en imposer pour une pauvreté mentale du patient, ou plus simplement inciter à conclure que cette relation est blanche, parce qu'elle n'est pas investie par le patient. Il n'y a là-dedans apparemment aucune manifestation passionnée, et c'est là qu'est le piège. Alors que le patient semble vivre côte à côte avec l'autre, et qu'il n'y a rien d'important entre eux, on est surpris de constater simultanément son incapacité à se passer de la présence de cet autre. De cet autre qui n'est généralement pas seulement là pour rendre des services matériels, mais qui est précisément là pour subir le joug du silence, de la neutralité et de l'anéantissement psychique et affectif. L'autre est là pour endurer le sort que lui réserve le patient. Qu'il se mette seulement à réagir, à se manifester, et le patient devient soudainement violent, ou fait montre de réactions franchement disproportionnées qui signent l'importance qu'a pour lui la paralysie de l'objet. L'objet, dans cette prison affective, est la preuve d'un pouvoir effarant exercé par le sujet, non sans une jouissance, peu visible certes, mais dont la privation lui est intolérable.

Dans le travail analytique, ce type de relation est en règle redoutable à aborder. Parce que le patient fait subir à l'analyste le même sort. Il vient à chaque séance, mais ne dit pas un mot, ou bien parle sans réserve apparente, mais en sorte que l'analyste n'ait rien à dire et éprouve une sorte d'impossibilité à intervenir. Et lorsque d'aventure il s'y risque, il se rend compte que ses interventions n'ont strictement aucun impact. L'analyste est neutralisé dans son fonctionnement par le patient, ce qui est très pénible [1]. Telle est la première version de la relation blanche structurée pour contenir la pulsion de mort.

Il en est une deuxième qui est plus retorse encore, car en général elle passe inaperçue. Il s'agit de patients qui font preuve dans l'analyse d'un fonctionnement mental tout à fait satisfaisant. Et ce n'est que grâce à une grande perspicacité que l'analyste, à condition qu'il se pose la question, constate au bout d'un long moment que jamais aucune associa-

---

1. C. Dejours, « Violence et somatisation (deux techniques dans le traitement psychanalytique des maladies somatiques », *in* A. Amyot, J. Leblanc, W. Reid, *Psychiatrie-Psychanalyse*, Montréal (Québec), Gaëtan Morin, 1985, p. 119-138 ; M. Enriquez, « Intervention », *Topique*, 30, 1982, p. 80-85 ; M. Enriquez, « L'analysant parasite », *Topique*, 23, 1979, p. 37-54.

tion du patient ne conduit à un personnage qu'on devrait légitimement voir surgir souvent dans l'analyse, en raison de sa place par rapport au patient. Tel patient qui convoque pourtant beaucoup de monde sur la scène analytique ne fait jamais allusion à son conjoint ou à l'un de ses enfants. C'est là que se cache la relation blanche, et tout le reste, qui meuble pourtant confortablement les séances, n'est que fioritures au regard de l'organisation mentale globale du patient. En effet, l'élément essentiel dans l'économie d'un tel patient, c'est qu'il fait éponger par son conjoint la partie clivée de son inconscient ; grâce à cette relation, il parvient à un fonctionnement d'allure névrotique qui peut durer pendant des années avec les autres et avec l'analyste. Moyennant quoi, l'analyse est à peu près inutile et inefficace, car elle n'atteint pas le clivage. Elle peut même contribuer à le renforcer, situation absurde qu'on ne rencontre pourtant pas si rarement.

La troisième formule de la relation blanche est plus occulte encore. C'est l'analyste qui est, dans le transfert, objet de la pulsion de mort. Mais pas comme dans la première version, qui se manifeste au grand jour. Le patient ici fait apparemment une analyse correcte. Mais l'ensemble du matériel – aussi riche soit-il, et parfois il l'est remarquablement au point d'en imposer pour un fonctionnement névrotique exemplaire – est apporté sans jamais impliquer l'analyste qui, sans s'en rendre compte, assiste à l'analyse sans rien ressentir. Son contre-transfert est aussi blanc que le transfert. Mais il ne s'en rend généralement pas compte parce qu'il est trop gratifié par le plaisir d'interpréter qu'offre, en contrepartie, ce patient exemplaire.

Cette forme de clivage est redoutable, car rien ne bouge quant au fond alors même que l'analyste croit avoir bien travaillé, quand brutalement, sans crier gare, le patient apprend à l'analyste un passage à l'acte désastreux et incompréhensible qu'il a commis, ou bien commence à délirer, ou encore s'effondre brusquement, terrassé par une maladie somatique grave alors qu'on le croyait à l'abri, depuis longtemps, d'une rechute. Et si de telles déconvenues ne viennent pas rompre le train-train, le risque est alors que le patient s'agrippe frénétiquement à cette fausse relation avec l'analyste. À défaut d'avoir été analysée, cette relation ne réussit qu'à engendrer une analyse interminable[1].

Après ce détour par la figure insolite de la pulsion d'emprise que concrétise la relation blanche, il est possible de revenir à ces patients dont la violence est manifeste, car il est des circonstances où ils parviennent à donner le change aussi bien que ceux qui pratiquent la relation blanche. Il s'agit tant du paranoïaque que du schizophrène, de l'alcoolique ou de n'importe quelle structure en crise qui réalise sa violence sur l'autre. Il arrive, en effet, qu'alarmé par le comportement dangereux du patient, quelqu'un enfin se positionne effectivement face à la violence de celui-ci. Cette prise de position courageuse peut parfois conduire à l'hospitalisation du malade en service fermé. Certains patients changent alors brusquement de comportement et généralement assez rapidement. Le paranoïaque se montre charmant, le délinquant donne l'impression d'un enfant inoffensif, l'alcoolique regrette ses actes et fait montre d'une exceptionnelle sociabilité avec les autres patients, leur apportant même de l'aide quand ils en ont besoin, notamment aux personnes âgées. Leur discours est plus ou moins élaboré et nuancé en fonction du degré de développement de la partie non clivée de leur self (inconscient refoulé-préconscient).

1. C. Dejours, *L'Évaluation analytique du passé psychanalytique*, séminaire de perfectionnement de la Société psychanalytique de Paris, Paris, Institut de Psychanalyse, 1998, p. 22-31.

Le psychanalyste a vite fait de n'accorder d'attention qu'au discours positif du patient et de négliger ce dont il a eu connaissance par l'extérieur mais qu'il veut ignorer au nom de la rectitude technique de la psychothérapie. Ce faisant, il néglige un élément essentiel, celui du cadre et des circonstances réelles dans lesquelles il reçoit le patient. La pulsion de mort rencontre ici un interlocuteur solide représenté soit par l'institution de soins, soit par l'environnement qui a décidé d'agir contre la violence du patient. Une telle rencontre suffit souvent à restaurer le clivage, ce qui laisse tout loisir au patient de fonctionner désormais sur les systèmes inconscient refoulé-préconscient. On comprendra, bien sûr, l'importance clinique qu'il faut accorder toujours aux circonstances extérieures réelles dans lesquelles se situe la demande de consultation, surtout lorsque le discours du patient est bien calme, pacifiste et policé.

C'est ainsi que certains patients alcooliques, par exemple, savent se mettre en état d'ébriété pour pouvoir ensuite frapper femme et enfants, décharger leur violence et se retrouver, au matin, parfaitement calmes, voire attentifs à leurs proches. Ce système jette une confusion redoutable, notamment dans les relations avec les enfants qui ne parviennent pas à se situer vis-à-vis d'un père qui, le soir, fonctionne avec la pulsion de mort, et le matin avec la pulsion de vie. Les dégâts mentaux sont le plus souvent tragiques pour les enfants, comme le montre la clinique quotidienne des dispensaires, hôpitaux et autres centres de soins.

Ces remarques conduisent à envisager la valeur fonctionnelle de l'objet de la pulsion de mort. En effet, si certains patients cherchent des objets pour exercer leur emprise, il arrive que le dispositif ainsi mis en œuvre soit efficace au regard du clivage, au point de protéger avec succès le patient de la décompensation. Ces remarques ne vont pas sans poser des problèmes diagnostiques et techniques, car on risque de se trouver, dans ces conditions, devant des patients qui en imposent pour une structure névrotique qu'ils n'ont pas en réalité, ce qui fait courir le danger de s'engager dans un projet thérapeutique qui, dans le meilleur des cas, ne servira à rien et, dans le pire, déstabilisera le clivage et déclenchera une décompensation qui ne serait pas advenue sans l'analyse.

Ces différentes configurations cliniques seront reprises dans la conclusion sous l'angle des « mésalliances par exclusion ». Particulièrement difficiles à cerner, elles sont plus aisément repérables si l'on adopte la référence à une topique du clivage et si, par principe, on recherche systématiquement l'expression de l'inconscient amential (non refoulé).

CHAPITRE VI

Psychanalyse, psychothérapie et psychiatrie

Les conséquences de cette approche sont importantes dans la pratique, car elles suggèrent que le travail psychanalytique ne devrait pas se cantonner à l'analyse des conflits intrapsychiques sous-tendus par la libido, et laisser dans l'incompréhensible ce qui échappe à ce registre. La cure psychanalytique devrait travailler non seulement sur la libido, mais aussi sur la pulsion de mort, ce qui, bien sûr, complique singulièrement les choses. Il ne s'agit pas en effet de reconnaître seulement l'existence de la pulsion de mort sur le plan théorique et d'assister passivement à ses effets dans le champ de la clinique, tout en considérant qu'on ne peut faire autre chose que de la constater. Notre position est précisément que la pulsion d'emprise et son clivage par rapport à la pulsion de vie sont un enjeu possible de l'analyse, et même qu'il n'y a pas d'analyse sans travail sur l'objet de la pulsion de mort.

Le choix d'une position technique par rapport à cette question est fondamental pour les structures non névrotiques, dans la mesure où il débouche sur des pratiques significativement différentes que nous allons maintenant envisager succinctement.

Il n'y a que trois positions possibles du praticien par rapport aux systèmes de la troisième topique.

La première consiste à se placer du côté de l'inconscient refoulé, du préconscient, de la sexualité psychique et de la pulsion de vie. C'est la *position psychothérapique.*

La deuxième consiste à se placer du côté de l'inconscient amential et du système conscient du malade, à l'exclusion de l'inconscient refoulé et de la sexualité psychique. C'est la *position psychiatrique.*

La troisième consiste à attaquer le clivage entre pulsion de vie et pulsion de mort. C'est la *position psychanalytique.*

La position psychothérapique

C'est une position répandue. Elle consiste à travailler essentiellement sur le matériel apporté spontanément par le patient, en se référant à une séméiologie positive, c'est-à-dire aux productions de l'inconscient refoulé, symptômes, fantasmes, rêves. Le travail porte sur la sexualité psychique et les conflits, sur l'analyse des relations objectales quand elles existent.

Nous ne parlons ici que des patients qui ne présentent pas de névrose bien mentalisée, car chez ces derniers le clivage ne pose qu'accessoirement des problèmes.

Le parti pris de la psychothérapie avec les patients présentant des structures névrotiques mal organisées, des caractéroses ou des psychoses, consiste à ne faire porter l'analyse que sur la partie accessible à la verbalisation et à la symbolisation. Cette position est difficile à tenir dès que les patients ont subi trop de violences pendant leur enfance, car la psychothérapie tourne en rond sur un matériel pauvre et l'essentiel de la vie et de la souffrance reste inaccessible. Reste alors à déterminer ce que fait le psychothérapeute face aux actualisations de la partie clivée du self.

Dans le cas des caractéroses, on propose de protéger le clivage et d'aider le patient à organiser sa vie en sorte d'éviter les épreuves de réalité et les rencontres déstabilisantes pour le clivage.

Dans le cas des psychoses, il est fréquent d'engager des psychothérapies avec des malades hospitalisés au long cours. La pauvreté du matériel n'a rien à envier à celle des caractéropathes. Passages à l'acte et délires sont confiés à l'institution et aux infirmiers. Il n'est pas rare que l'analyse du matériel symbolisé conduise à désorganiser le préconscient existant, au point que la psychothérapie constitue une épreuve de réalité au-dessus des forces du patient. Conséquence logique, l'état du malade s'aggrave. Dans certains cas, la psychothérapie ne modifie rien, parce que le patient établit une relation blanche avec le thérapeute, relation qui peut ainsi durer des années sans changement. Mais le patient risque parfois de s'installer dans les bénéfices que cette « prise en charge » apporte à son clivage, au point de ne plus pouvoir se passer du psychothérapeute, malgré la pauvreté du travail, pendant toute sa vie (alliance par exclusion).

La position psychiatrique

Cette position consiste à laisser de côté la sexualité psychique. Dans une logique qui s'articule, non sans mal toutefois, avec la médecine, la psychiatrie s'intéresse surtout à la pulsion de mort. Le corps, pour le psychiatre moderne, est un corps biologique, dont les égarements et les dérèglements appellent des mesures de placement ou des mesures thérapeutiques visant le corps (médicaments, électrochocs, entraînement au travail, etc.). C'est le mérite de la psychiatrie que d'assumer toutes les figures de la pulsion de mort, toutes les violences, quelles que soient leurs formes : passage à l'acte, violence physique, délire, perversion sexuelle, etc. Mais cette psychiatrie qui travaille sans référence à l'inconscient refoulé ne peut que s'adosser au système conscient du patient, c'est-à-dire à sa conscience intellectuelle de la réalité et de son état. En ce sens, la psychiatrie fonctionne elle aussi au profit du clivage, en visant avant tout la restauration du règne du conscient sur la vie, sans préoccupation pour le préconscient et la sexualité psychique, souvent délégués à un autre praticien psychothérapeute.

La position psychanalytique

Elle consiste à travailler sur le transfert quand il est possible ou sur la relation qui en tient lieu quand il fait défaut, fût-ce une relation blanche. Il n'y a pas de difficulté lorsqu'il s'agit d'une névrose dont le clivage ne porte que sur une petite partie de l'inconscient. En revanche, analyser la relation avec l'analyste dans les autres structures pose de sérieux problèmes puisque cela implique pour ce dernier de se positionner face aux manifestations de l'inconscient amential, de façon à rendre possible une élaboration préconsciente de la relation d'emprise et déplacer ainsi la barre du clivage.

Nous avons proposé l'idée d'un objet de la pulsion de mort et, dans certaines organisations mentales, d'un double fonctionnement avec deux objets : l'un objet d'amour, l'autre objet d'emprise, à l'insu l'un de l'autre. Toutefois, dans beaucoup de cas, il est vrai qu'on n'a pas affaire à la pulsion de mort isolée et que le passage à l'acte, la conduite perverse, la crise d'épilepsie, etc., offrent en quelque sorte une issue pour l'inconscient amential (pulsion de mort) *et* pour l'inconscient refoulé (pulsion de vie et corps érogène). Dans ce cas, la conduite pathologique se joue dans un climat de jouissance impressionnant.

C'est par rapport à ces conduites pathologiques que l'interprétation de la composante érotique, de façon classique, est discutable. En effet, au lieu de susciter un mouvement second de remaniement de la composante érotique, le risque est de la cliver à nouveau de la relation d'emprise, et d'aboutir ainsi à libérer la pulsion de mort de ses amarres libidinales.

Au contraire, dans ces cas, l'analyste peut se déporter dans ses interventions sur ce qu'il saisit de l'emprise. Il donne alors une chance au patient d'avoir à réorganiser sa violence autrement, en s'appuyant, puisque l'analyste n'a pas compromis la composante érotique, sur les investissements entrouverts par la libido de transfert.

C'est donc par une certaine posture face à ces comportements pathologiques que l'on peut favoriser les réaménagements qui conduiront progressivement au déplacement du clivage.

Cette position implique que le travail s'attaque non seulement à ce qui est positivement apporté par le patient dans les séances, mais aussi à tout ce qui y manque : *séméiologie du négatif, du manquant*. Il s'agit de l'interprétation du non-représenté, sans laquelle il n'y a pas d'analyse à proprement parler.

Ces remarques conduisent à poser la question de l'indication de l'analyse. Tous les patients ne peuvent pas, sans danger majeur, s'engager dans une analyse classique. Aussi, l'indication ne saurait aller de soi, comme réponse automatique à une souffrance.

Encore faut-il que le clivage ne laisse pas, en marge du discours, une part trop importante de l'inconscient. Sinon, il faut procéder à une analyse avec des aménagements techniques spécifiques à chaque structure.

Mais on ne saurait pas non plus porter l'indication d'analyse sur la seule structure névrotique du patient. Les névrosés, comme les autres, clivent une partie de leur self. L'analyse est possible dès lors que le névrosé se montre désireux de ne pas tricher avec son clivage et de trouver sa voie par une démarche qui s'inscrit dans la recherche de sa vérité.

L'indication du traitement psychanalytique des autres structures se pose aussi sur cette question fondamentale : le sujet demande-t-il à ce que l'analyste renforce son clivage, ou demande-t-il à en découdre avec la vérité, non seulement de sa culpabilité névrotique, mais aussi de son inconscient non refoulé et de sa violence potentielle ?

Dans le premier cas, il convient de l'adresser à un psychothérapeute, à un médecin ou à un psychiatre. Dans le second cas, on peut envisager l'aventure analytique. Mais ce choix est fondamental et n'appartient qu'au patient. À l'analyste d'entendre et de respecter la position du patient qui s'adresse à lui, même si cela doit le conduire à renoncer à le prendre en traitement. Dans le cas contraire, l'analyste se doit d'abord d'évaluer s'il pense avoir avec ce patient la force et le courage de risquer l'écoute... jusqu'au bout !

CONCLUSION

Le corps

Du point de vue ontologique d'abord, le corps est l'origine et le lieu où la vie se révèle à elle-même. La vie, ici, est entendue comme subjectivité absolue, en tant qu'elle est éprouvée par le sujet qui la vit. Pour le psychanalyste, la vie est affectivité, sentiment de réplétion subjective. L'évidence de la vie qui s'éprouve en soi est l'opposé du vide dont fait état le psychotique, ce vide qui se caractérise justement par un état d'apathie au sens étymologique du terme – absence de pâtir – comme sentiment d'être un corps privé du pouvoir de sentir, sensation d'être mort à l'intérieur du fait d'une effarante insensibilité. La subjectivité, au contraire, commence avec le pouvoir de sentir, d'éprouver la vie en soi. Et ce pouvoir, nous le tenons du corps lui-même, de son mode fondamental de pâtir : la souffrance. Pas de souffrance sans corps pour l'éprouver. Pas d'angoisse, pas de plaisir, pas de désir même sans corps pour les sentir. La souffrance est le mode radical de révélation de la vie à elle-même. La vie se fait connaître sur le mode de la passion. La vie est une donation, elle ne peut qu'être reçue, reconnue et éventuellement appropriée. Ce n'est pas une création. Le sujet ne crée pas sa vie. C'est la vie en tant qu'auto-affection de la vie par elle-même qui, en cela même qu'elle est éprouvée et reconnue, advient comme subjectivité.

Dire de la vie qu'elle se révèle sur le mode de la passion ne suffit pas pour caractériser la subjectivité. La passion, comme tout ce qui ressortit à l'affectivité, n'appartient pas au monde visible. La vie, en tant qu'affectivité, ne peut pas s'objectiver. La douleur, l'angoisse, le désir, l'amour, la souffrance ne sont pas visibles. Ils s'éprouvent dans l'obscurité. La vie, l'affectivité ne se révèlent que dans la subjectivité même, c'est-à-dire dans une expérience vécue qui reste, à jamais, une expérience singulière et unique. Du fait que la vie ne peut se manifester que dans l'individualité radicale, il ne saurait y avoir de sujet collectif, pas plus que de sujet social. Cette individualité tient à la corporéité même. Pas de vie sans corps pour l'éprouver. Pas de sentiment, pas d'affectivité, pas d'amour sans un corps pour les sentir en soi. L'incarnation est la condition *sine qua non* de la vie : immanence absolue de la vie qui se révèle à elle-même.

Entre le concept de vie du biologiste et celui du psychanalyste, l'écart est celui-là même qui sépare le corps biologique du corps érogène. Si la vie, en tant qu'affectivité, n'appartient pas au monde visible, ce n'est pas la vie que, par la méthode expérimentale, le biologiste cherche à cerner et que, malgré la somme des connaissances accumulées depuis l'*Introduction à la médecine expérimentale*, le savant échoue à définir. Que la biochimie du substrat énergétique et de son oxydation puisse faire l'objet de découvertes sublimes, ne conduit pas à une connaissance de la vie, mais à des connaissances biochimiques. Le biologiste, même lorsqu'il traque la vie, ne découvre que des mécanismes. C'est que la vie, comme la subjectivité, est une et infrangible. L'expérience psychopathologique nous l'apprend : aussitôt qu'apparaît en elle une fissure ou une fragmentation, la subjectivité entre en crise, le spectre de la maladie mentale menace. Ce que le biologiste peut faire, l'isolation des processus discontinus, le psychanalyste ne peut le faire sans perdre aussitôt la dimension subjective proprement dite avec laquelle il travaille. Le corps où la vie se révèle à elle-même, le corps où advient la subjectivité, n'est pas le corps physiologique. C'est le corps que j'habite, le corps que j'éprouve.

Si, du point de vue *ontologique*, la phénoménologie de Michel Henry [1] ouvre la voie à une fondation philosophique de la vie, et si, du point de vue ontologique encore, elle fait craindre que la conception positiviste ne réduise la vie à une coquille vide, reste que la vie qui se révèle dans le corps et par le corps ne s'éprouve pas immatériellement en l'absence de corps biologique : la phénoménologie de Michel Henry est une « phénoménologie matérielle ». D'où, *pour le psychanalyste*, la question fondamentale des rapports entre les deux corps.

La phénoménologie du corps, de Michel Henry, montre que la vie comme affectivité est liée aux savoirs élémentaires du corps, au pouvoir d'agir du corps. Ces savoirs du corps, comme de marcher, courir, pousser, tirer, saisir, crier, etc., sont donnés. Ils ne sont pas le produit d'une quelconque pensée qui les précéderait, les concevrait et les organiserait. Au contraire, la pensée naît soudainement de ces savoirs élémentaires du corps. Lorsque le corps se heurte à la résistance du monde, lorsque aussi le corps rencontre les limites mêmes de ses possibi-

1. M. Henry, *Philosophie et phénoménologie du corps*, Paris, PUF, 1965.

lités, limites infranchissables qui s'imposent à lui, c'est-à-dire lorsqu'il fait l'expérience de la résistance de son propre corps à son pouvoir d'agir, alors il fait l'expérience de la souffrance. En même temps que cette souffrance, le monde se révèle à celui-là qui va vers lui. La connaissance du monde est d'abord une expérience pâtie. Et c'est de cette expérience charnelle que peut éventuellement émerger la pensée.

Pas de pensée sans corps. Il faut un corps habité affectivement, un corps qui éprouve pour pouvoir penser. Pour le psychanalyste, l'origine de la pensée n'est pas dans le cortex, le cerveau, ni le système nerveux central, mais dans le corps tout entier, en tant que corps matériel se heurtant à la résistance matérielle du monde. Ce qui nourrit et origine la pensée, c'est d'abord et avant tout ce que le corps éprouve passivement. Passivité du pâtir en réponse à l'activité des savoirs élémentaires du corps. Penser, c'est transformer l'expérience affective du corps. Un corps pour penser les pensées – « une peau », dirait Didier Anzieu[1]. D'autres recherches, menées dans le domaine de la clinique du travail, trouveraient ici à s'articuler. Car c'est par le travail que se renouvelle constamment l'expérience du réel, c'est-à-dire de ce qui se fait connaître au sujet par sa résistance aux savoir-faire, à la technique, aux procédures et à la maîtrise réglée de la matière ou des objets techniques. Ce serait sur le mode de l'élaboration – une forme essentielle, sinon la forme essentielle du travail – que la subjectivité serait capable d'advenir et surtout de s'accroître elle-même, voire de s'accomplir.

La phénoménologie de la vie et la phénomé-

1. D. Anzieu, « Les signifiants formels et le moi-peau », *in* D. Anzieu (dir.), *Les Enveloppes psychiques*, Paris, Dunod, 1987, p. 1-22.

nologie du corps insistent sur la dimension *monadologique* de la subjectivité. Elles théorisent une subjectivité qui se nourrit du pouvoir propre d'auto-affectation de la vie par elle-même. Michel Henry, dans *Généalogie de la psychanalyse*[1], passe au crible la démarche freudienne. Le psychanalyste qui suit l'itinéraire tracé par le philosophe se voit contraint au bout du chemin de poursuivre seul, dès lors qu'il aborde les questions soulevées par les formes spécifiques de la souffrance telles qu'on les rencontre dans la névrose, la psychose et plus largement en psychopathologie.

La place de l'autre, son rôle, son pouvoir sur la souffrance et le plaisir du sujet obligent à se décaler de la monadologie. Ils orientent la recherche non plus seulement sur la subjectivité et l'intra-subjectivité, mais sur l'intersubjectivité.

L'ontogenèse du corps subjectif se précise. L'enfant ne développe pas son pouvoir d'agir, seul. Et s'il fait seul l'expérience de la résistance du réel, il *n'élabore* pas cette expérience du corps, seul. Tout le processus se développe dans la relation à l'autre. Et l'autre, ici, n'est pas exactement un alter ego. La psychanalyse suggère que cette relation est *inégale*. Le nouveau-né, comme l'enfant, découvre son corps et l'affectivité absolue de la vie, dans un rapport inégal avec l'adulte. Et le lieu essentiel de la rencontre entre l'enfant et l'adulte, c'est d'abord le corps : les soins du corps, les jeux du corps.

Dans la *perspective psychanalytique* et pas seulement dans la perspective phénoménologique, le corps apparaît comme le lieu géométrique à partir duquel se déploie progressivement la subjectivité. Quand bien même l'enjeu instrumental de ces rap-

---

1. M. Henry, *Généalogie de la psychanalyse,* Paris, PUF, 1985.

ports entre l'adulte et l'enfant serait d'abord, dans le monde objectif, la qualité des soins, la maturation continue et le développement harmonieux du corps biologique de l'enfant, ces rapports, donc, provoquent par leur mouvement même l'émergence d'autres enjeux : le plaisir, le désir, l'excitation, etc., et plus largement la dimension érotique indissociable des jeux du corps. Forme essentielle dans laquelle le corps commence à s'éprouver soi-même, à se découvrir, à se connaître, à se transformer.

Le deuxième corps, le corps érotique, naît du premier, le corps physiologique. Entre les deux, les gestes de l'adulte sur le corps de l'enfant, qu'on ne saurait réduire à leur dimension matérielle et à leur vocation instrumentale. La rencontre du corps de l'enfant déclenche, *nolens volens*, chez l'adulte des sentiments et des affects, elle mobilise ses fantasmes et son inconscient. Bien que nous soyons là au plus près de la dimension technique des manipulations par l'adulte du corps de l'enfant, nous en sommes aussi très loin : dans la subjectivité, l'intersubjectivité, l'affectivité et l'invisible. Et c'est en ce lieu géométrique du corps que se produit, avec plus ou moins de bonheur d'ailleurs, la subversion libidinale des fonctions physiologiques.

Ainsi, pour le psychanalyste, l'affectivité absolue de la vie, qui s'éprouve en soi, se fait-elle inévitablement connaître par une émancipation du corps vécu à partir du corps biologique. Encore faut-il souligner que ce corps vécu s'éprouve d'abord *comme un corps érogène*. Pour le psychanalyste, affectivité et érogénéité sont indissociables.

Monisme et dualisme

Dans les recherches ultérieures que nous avons poursuivies sur les rapports entre les deux corps, la question du monisme et du dualisme s'est trouvée quelque peu décalée par rapport à la façon dont elle est traditionnellement formulée. Le rapport à élucider ne serait plus entre psyché et soma, entre esprit et corps, voire entre cerveau et pensée. Ce dont il faudrait rendre compte, ce serait plutôt des rapports entre les deux corps.

Dès 1986, dans une première version de ce livre, nous avions proposé une analyse de la naissance du corps érotique à partir du corps biologique, ce qui a été précisé par la suite. C'est ce qu'implique, pour la subjectivité même, le fait que le corps soit engagé dans la relation à l'autre. La relation à l'autre, en particulier la rencontre érotique, mobilise le corps érogène et met ce dernier à l'épreuve. La relation amoureuse est sans doute celle qui va le plus loin dans la mobilisation de l'affectivité parce que, précisément, elle va jusqu'au corps à corps. Épreuve décisive s'il en est, pour la vie qui s'éprouve en soi. Dans la rencontre érotique sont mobilisés des registres *expressifs* et pas seulement des registres affectifs. La rencontre avec l'amant sollicite des gestes et pas seulement des affects : caresses, baisers, étreintes et bien d'autres gestes encore.

Mais le corps engagé dans ces gestes, ces mouvements, ces mimiques, ces attitudes, ces positions, cette psychomotricité, cet habitus, ces chuchotements, ces tremblements, cette voix, ces cris, ce n'est bien entendu pas le corps biologique qui les organise (sauf à en réduire l'inventaire à un clavier éthologique fixe et inné, dont les touches seraient automatiquement déclenchées par des signaux). Les mouvements du corps, qui confèrent aux dires comme au silence leurs accents et en fin de compte leur sens, sont donnés par le corps érogène. D'où l'introduction de la notion d'*agir expressif* par lequel nous avons proposé de désigner les modalités de mobilisation du corps en vue d'agir sur l'autre, de provoquer en lui telle ou telle émotion, tel ou tel désir, telle ou telle retenue, telle ou telle peur[1]. (On en trouve ici une illustration au chapitre II).

Ainsi les transactions intersubjectives passent-elles par des engagements corporels dont la mobilisation n'est possible qu'à proportion de la sensibilité et des habiletés du corps, c'est-à-dire des registres affectifs et expressifs hérités de la subversion libidinale. Là où le corps est impotent, du fait des impasses rencontrées par la subversion libidinale, le sujet n'éprouve rien. Expérience atroce de la subjectivité qui se dérobe à elle-même et laisse à la place la paralysie et surtout la frigidité, forme cardinale de l'effacement de l'affectivité et de la vie en soi.

Sexualité, violence et sens moral

Dans la perspective qui vient d'être évoquée, le contraire de la vie se révèle par les figures du vide : comme une chute soudaine dans l'absence d'émotion, l'effacement de la sensibilité, l'impuissance à éprouver quelque affect que ce soit, l'indifférence écrasante, la frigidité (qui n'est pas, bien sûr, l'apanage des femmes, l'impuissance sexuelle étant l'expérience de la frigidité au masculin), l'apathie, l'anesthésie d'un corps qui ne parvient plus à sentir la vie en soi. Quand le corps se dérobe, la subjecti-

1. C. Dejours, « La corporéité entre psychosomatique et sciences du vivant », *in* I. Billiard, *Somatisation. Psychanalyse et sciences du vivant*, Paris, Eshel, 1994, p. 93-122.

vité s'efface dans la mesure où la subjectivité est une incarnation et où le sujet est un corps.

Si la clinique confronte d'abord le psychanalyste au mouvement d'oscillation entre l'excitation érogène, qui accroît la présence du corps à soi-même, et la frigidité, qui l'évide de cette présence à soi, il est impossible d'établir une équation simple entre vie et normalité d'une part, non-vie et pathologie d'autre part. Les nombreuses configurations séméiologiques de la psychopathologie ne se présentent pas de façon univoque sous le primat de la vie qui s'absente de soi ou de la frigidité. À l'avant-scène des manifestations psychopathologiques, le clinicien est souvent convoqué, non par les figures du silence, mais par le vacarme spectaculaire des comportements violents. Pas seulement la violence extraordinaire des pathologies psychiatriques (crises clastiques, état de fureur – maniaque, catatonique, épileptique ou alcoolique –, passages à l'acte psychopathiques), mais aussi la violence ordinaire des hommes qui frappent les femmes, des parents qui terrorisent les enfants, des cadres qui harcèlent un ou plusieurs de leurs subordonnés, des soldats qui torturent les civils.

Comment comprendre les rapports entre les formes cliniques de la violence et la théorie de la subjectivité lorsque cette dernière s'égale à la vie ? Comment comprendre les rapports entre les retraits de la vie, la violence et la mort ?

De nombreux auteurs, après Freud lui-même dans certains de ses textes (en particulier *Malaise dans la civilisation*, en 1930) et surtout après Melanie Klein, rattachent la violence à la pulsion de mort. Selon cette dernière, la pulsion de mort, avant même de se manifester sous les auspices de la compulsion de répétition ou d'un principe de désorganisation, d'entropie, serait à son origine un instinct foncièrement orienté vers la destructivité et la violence.

C'était également la position à laquelle nous nous étions rallié en 1986. Ce choix était principalement justifié par le fait que, dans de nombreux cas de destructivité *ordinaire* contre autrui, on ne trouve pas trace de culpabilité, ce sentiment qui signe, selon la plupart des théoriciens – à commencer par Freud lui-même –, l'existence d'un conflit intrapsychique auquel participe le surmoi – héritier du complexe d'Œdipe. L'absence de culpabilité, tellement surprenante quand on prend la névrose pour référence et pour modèle métapsychologique, conduisait inévitablement à accorder une place centrale au *clivage* dans le fonctionnement psychique. Clivage dont la troisième topique rendait compte, non seulement pour ce qui concerne la violence pathologique, mais tout aussi bien pour la névrose.

La troisième topique, en effet, permet de situer précisément le clivage au sein même de l'organisation névrotique et de comprendre comment le névrosé peut aussi participer, sans difficulté majeure, à la violence ordinaire. En admettant l'irréductibilité d'une pulsion de mort dont l'origine était rattachée aux montages instinctuels innés et à leurs caractéristiques (automaticité, compulsivité, répétitivité, stéréotypie), la violence s'interprétait comme un potentiel aussi irréductible que le corps biologique lui-même, survivant en chaque sujet humain, quelle que soit l'ampleur de la subversion libidinale et de la construction du corps érotique (placé, quant à lui, du côté de la pulsion de vie). Pulsion de vie et pulsion de mort étaient relayées dans la troisième topique, qui est aussi une topique du corps, par les deux corps, respectivement le corps érogène et le corps biologique. Ou, pour le dire en d'autres termes, ce qui résistait à la subversion libidinale – et cette dernière était conçue comme à jamais incomplète – demeurait sous le primat du biologique-instinctuel et exigeait, de son côté, des satisfactions qui s'obtenaient souvent à l'insu du moi, c'est-à-dire en vertu d'un clivage sans conflit et sans culpabilité. Au contraire, lorsque ces satisfactions suscitaient une réaction affective du moi (rupture du clivage), des défenses étaient mobilisées qui visaient le rétablissement du clivage, mais ce dernier n'était alors obtenu qu'en contrepartie de manifestations pathologiques graves (décompensation d'une affection somatique, délire, passage à l'acte). Les dégâts occasionnés à l'appareil psychique, dans la mesure où ils impliquent une forme ou une autre de désorganisation ou d'amputation de la subjectivité, apparaissaient comme les figures principales de la pulsion de mort.

Un premier temps, donc, instinctuel, vectorisé comme destructivité vis-à-vis d'autrui, suivi, en cas de déstabilisation du clivage, d'un deuxième temps défensif, transformant l'instinct tourné vers l'extérieur en puissance de désorganisation tournée vers l'intérieur. Soit en définitive : ou bien le clivage et l'absence de conflit moral (violence ordinaire), ou bien la déstabilisation du clivage suivie de sa reconstitution, mais avec entre les deux temps, pour conjurer le conflit moral intrapsychique, une forme ou une autre d'autodestruction compulsive – soit l'évitement du conflit moral au prix d'une érosion de la subjectivité (violence pathologique).

Depuis 1986, époque où est parue la première version de ce livre, il a fallu remettre en cause cette conception de la violence ordinaire et pathologique. Deux objections venues de débats avec nos détracteurs n'ont pu être surmontées. L'une est d'ordre théorique, l'autre d'ordre clinique.

L'objection théorique vient de la philosophie et de la phénoménologie du corps. Dans la phénoménologie matérielle dont il était question plus haut, il n'y a pas de place pour une quelconque pulsion de mort primitive. On pourrait admettre que le psychanalyste soit obligé de compter avec une psychopathologie dont le philosophe n'a, quant à lui, pas nécessairement à rendre raison pour fonder une philosophie de la vie. Mais il y a plus grave. Dans cette phénoménologie du corps, le besoin ne saurait en aucun cas être versé du côté opposé à la subjectivité[1]. Il est la vie même et la position que nous avions adoptée nous ramenait insensiblement à opposer une animalité bientôt bestiale ou monstrueuse à une hominisation sous le primat de la sexualité psychique, un peu trop iréniste et enchantée.

L'objection clinique consiste en ceci que la violence humaine ne peut pas être identifiée à une bestialité ou à une animalité tapie au fond de l'inconscient, même si l'on qualifie ce dernier de « primaire » ou « d'archaïque » : la violence humaine peut en effet – paradoxalement – dépasser de très loin la violence des comportements animaux connus. Il n'y a rien chez les animaux d'équivalent à la violence exercée contre les enfants, à la violence sexuelle contre les impubères, aux viols collectifs pendant les guerres, à la torture organisée par le renseignement militaire, à la destruction des Juifs d'Europe par les nazis. La cruauté du chat qui joue avec l'agonie de la souris, ou de la chatte qui croque un des petits de sa portée, même si elle impressionne n'est pas comparable à la cruauté déployée par des humains contre d'autres humains. L'instinctuel précisément rencontre des limites strictes. Aussitôt la satisfaction obtenue, le comportement compulsif s'éteint. La violence humaine, elle, peut dans de nombreux cas être amorcée sans besoin (celui par exemple de se défendre, ou de répondre à une agression), et peut se prolonger sans aucune limite.

D'où l'homme tient-il ce pouvoir de violence ? Il

1. M. Henry, *Philosophie et phénoménologie du corps*, *op. cit.*, p. 294-307.

semble indiscutable aujourd'hui que, pour ce qui est de la violence *individuelle* (comme dans les cas de meurtres répétés, de viols suivis de meurtres, d'états de fureur maniaque, aussi bien que de tortures domestiques au long cours comme on en rapporte périodiquement dans les faits divers), ce pouvoir de démesure, l'homme le tient du sexuel et plus précisément de ce qui, dans le sexuel, relève fondamentalement du fantasme, lui aussi illimité[1]. Ainsi sommes-nous aujourd'hui amené à proposer un remaniement de la conception qui avait été proposée de la violence et des rapports entre violence-instinct et pulsion de mort.

Vers une disjonction de la violence et de la pulsion de mort ?

Remettre en cause la généalogie de la violence, la dissocier de l'instinctuel et la réintégrer au sein même de la sexualité, c'est ce qu'a fait Jean Laplanche. Et, pour l'essentiel, je le suis dans cette démarche. Le déchaînement, comme principe même de déliaison conduisant à *augmenter l'excitation*, ressortit au sexuel et à l'érotique. Rapatrions ici dans le sexuel tout ce qui lui revient, toutes les activités, les actes, les gestes qui sont susceptibles d'accroître l'excitation et le plaisir sensuel éprouvé dans le corps. La violence contre le corps d'autrui, les actes par lesquels sont infligées ou subies la douleur, la souffrance, la mutilation, la privation, la contrainte sont érotiques pour celui qui jouit de les faire subir. Tout cela relève de l'infantile, entendu comme noyau et comme origine du sexuel.

1. J. Laplanche, *Le Fourvoiement biologisant de la sexualité chez Freud*, Paris, Les Empêcheurs de Penser en Rond, 1999.

Toutefois, il semble indispensable de distinguer, à côté de cette violence érogène, d'autres formes d'atteintes à la subjectivité qu'il est impossible de rattacher directement au sexuel. Cette destructivité se caractériserait avant tout en ceci qu'elle serait primitivement orientée vers une spoliation de soi : une façon incoercible de s'absenter de soi-même, une inaptitude soudaine et radicale à accueillir la vie en soi, un mouvement irrésistible d'éloignement de soi, de désubjectivation, de désincarnation, de désaffectivation. Une sorte d'effacement de ce que Laplanche range sous le chef des « intérêts du moi » (rejeton des pulsions de conservation dans la deuxième théorie des pulsions), abandonnant le corps à sa propre destruction, sans y opposer de réaction d'autoprotection, dans un contexte d'*indifférence affective*. La forme pure de cet abandon de soi-même est rare en clinique. On peut pourtant la saisir parfois. C'est la « dépression essentielle » décrite par Marty en 1968, dont la caractérisation extrêmement précise recouvre pour le psychosomaticien une constellation clinique réelle et avérée.

À supposer que la pulsion de mort ne soit pas seulement un concept, mais qu'elle renvoie à des configurations cliniques spécifiques, comment comprendre son origine ? Dans le texte freudien (« Au-delà du principe de plaisir », 1920), la pulsion de mort est rattachée à un principe cosmogonique emprunté à Empédocle, que G. Mendel[1] et J. Laplanche ont critiqué. Dans la perspective théorique de la troisième topique, il faudrait pouvoir clarifier l'ontogenèse de cette pulsion de mort. Elle pourrait, comme nous l'indiquerons plus loin, être liée aux vicissitudes de la formation du corps éro-

1. G. Mendel, *La Psychanalyse revisitée*, Paris, La Découverte, 1988.

tique. Auparavant, toutefois, précisons que la mobilisation de la pulsion de mort échappe, semble-t-il pour l'essentiel, à sa saisie par le moi. Elle s'impose au moi, elle emporte le moi, *à son insu*. Et nous voudrions insister sur le fait que ce qui sera rangé du côté de la pulsion de mort provient précisément de ce qui a échappé à la subversion libidinale et n'a pu trouver son inscription dans le corps érogène. Une pulsion de mort non sexuelle, donc, qui prendrait place en marge de la « pulsion sexuelle de mort », telle que l'a définie Jean Laplanche. Cette dernière rend compte de la violence humaine de façon plus convaincante que ce que nous avions envisagé dans la première version de la troisième topique. La pulsion sexuelle de mort, selon Laplanche[1], il faut le rappeler peut-être, est surtout sexuelle. La mort n'apparaît dans cette condensation qu'au titre de l'excès, du déchaînement, de l'incoercibilité du pulsionnel, lorsqu'il se déploie sans tenir compte de l'épuisement ou de l'exténuation qu'il fait subir à l'autre.

Que serait alors la généalogie d'une pulsion de mort qui ne serait pas sexuelle ?

Le sexuel et le non-sexuel

LA VULNÉRABILITÉ SOMATIQUE

La théorique sexuelle élaborée par Freud était scandaleuse à son époque et le demeure encore aujourd'hui, en dépit de la libéralisation des mœurs. Comme y insiste Jean Laplanche[2], il n'y a de théorie sexuelle proprement dite qu'à condition de recon-

1. J. Laplanche, « La soi-disant pulsion de mort : une pulsion sexuelle », *Adolescence*, 15, 1997, p. 205-224.

2. J. Laplanche, « Sublimation et/ou inspiration », in *Entre*

naître que tout, dans le genre humain, n'est pas sexuel. Le pan-sexualisme, en effet, est la plus sûre façon d'affadir ce que la théorie psychanalytique du sexuel révèle : la sauvagerie qui le caractérise en tant que sexuel et qui perdure, quiescente ou manifeste, dans toute sexualité. Dans le registre non sexuel, Laplanche s'intéresse surtout à la structure et à la fonction des formes mytho-symboliques et mytho-idéologiques. Mais le non-sexuel, Jean Laplanche le retrouve aussi à l'autre pôle, qui tourne le dos au social, à savoir : le pôle biologique où s'impose l'instinctuel, en particulier dans les comportements d'*attachement*. Comment situer, alors, le non-sexuel dans l'organisation psychique ? C'était l'objectif de la troisième topique que de répondre à cette question. Quelques années après la publication de la première version de ce livre, nous avions proposé des hypothèses sur la façon dont le non-sexuel s'inscrit dans le corps, où il forme des zones muettes (malformation du corps érotique sous l'effet de la violence des adultes)[1]. Ces hypothèses s'inscrivent dans le projet de construire une théorie du « choix de l'organe dans les processus de somatisation ».

La notion de subversion libidinale désigne un processus conduisant à la formation du corps érogène. Il ne s'agit pas d'un processus naturel. Il résulte de la relation spécifique de l'enfant à l'adulte autour des soins du corps. Mais la façon dont l'adulte accompagne les sollicitations de l'enfant à jouer avec le corps dépend de la capacité de l'adulte lui-même à jouer. Ces jeux suscitent chez ce dernier des réactions variées qui sont étroitement liées à ses pro-

---

séduction et inspiration : l'homme, Paris, PUF, 1999, p. 301 et 338.

1. *Cf.* le premier chapitre de ce livre ; *cf.* aussi C. Dejours, *Recherches psychanalytiques sur le corps. Répression et subversion en psychosomatique*, Paris, Payot, 1989.

pres fantasmes et à la liberté ou à l'aisance dont il dispose avec son propre corps en fonction de son organisation psychique à lui. Certains de ces jeux, suscités par l'enfant, génèrent parfois chez l'adulte des réactions disproportionnées par rapport à la situation. Les plus préoccupantes sont celles qui provoquent l'aversion et la haine du corps de l'enfant. Il arrive, de façon non exceptionnelle, que l'adulte réagisse par des violences contre le corps de l'enfant et le frappe sauvagement, provoquant chez l'enfant une excitation qui déborde toutes ses possibilités de liaison et le met en situation de traumatisme psychique, c'est-à-dire dans l'impossibilité de penser ce qui se produit dans son corps. Les conséquences de cette perturbation sont de deux ordres. D'une part, en ce lieu même du corps, la subversion libidinale est enrayée, ce qui cristallise sous la forme d'une agénésie partielle du corps érogène. D'autre part, l'excitation de cette zone du corps, lorsqu'elle est sollicitée, ne peut pas être relayée par un travail de la pensée.

Pour le dire dans les termes de la théorie de la séduction généralisée de Jean Laplanche qui sert ici de référence, le message de l'adulte ne peut pas faire l'objet d'un travail de traduction. Non pas tant, peut-être, parce que le code de traduction serait défaillant, que parce que le travail de la traduction est barré par le comportement de l'adulte. Au centre de cette perturbation de l'échange adulte-enfant, il semble que l'on retrouve souvent l'intention (inconsciente) de l'adulte d'arrêter la pensée de l'enfant, c'est-à-dire les fantasmes, la curiosité, le désir de comprendre et de traduire de l'enfant[1]. Ce seraient électivement les contenus de pensée en passe

1. *Cf.* le cas Philipa *in* C. Dejours, *Recherches psychanalytiques sur le corps, op. cit.*

d'advenir dans l'esprit de l'enfant, manifestant le désir de ce dernier de comprendre et de traduire les fantasmes de l'adulte, que celui-ci pourchasse et cherche à neutraliser. Pour ce faire, il surcharge l'appareil psychique de l'enfant. Il y provoque une rupture pour arrêter la pensée de l'enfant et y parvient le plus souvent en le frappant et plus rarement en rompant brutalement le contact avec l'enfant : en le laissant, « pour le punir », seul avec l'excès d'excitation qui en résulte. L'enfant, débordé par ce que provoque en lui l'abandon, ne peut pas penser. Entre ces deux manœuvres, la différence est l'absence de coups et de violence exercés directement sur le corps de l'enfant [1].

Dans le développement ultérieur de l'enfant, cette zone traumatisée du corps (érogène), où le défaut d'érogénéité et de capacité de penser s'est cristallisé, se manifeste de façon particulière par des conduites spécifiques de l'enfant. Lorsque dans les relations avec l'adulte, les échanges se rapprochent de la zone dangereuse, l'enfant adopte l'une des deux positions suivantes : sentant venir la crise de l'adulte, qui est une forme de décompensation psychopathologique, il se fait allié et thérapeute de l'adulte. Pour conjurer la crise, il cesse de jouer et calme l'adulte. Cette alliance dans le déni a été décrite par Denise Braunschweig et Michel Fain [2], sous le nom d'« identification à la mère dans la communauté du déni ». L'autre stratégie de l'enfant consiste, lorsqu'il s'approche de

1. Cette deuxième manœuvre à l'état pur a été identifiée plusieurs fois en clinique, mais est rare. Le plus souvent, dans ces cas, en effet, l'adulte ne pratique pas seulement le rejet colérique de l'enfant, il y associe d'autres manœuvres qui orientent plutôt la fragilité de l'enfant non plus vers la maladie somatique, mais vers la psychose. Nous y reviendrons un peu plus loin.

2. D. Braunschweig, M. Fain, *La Nuit, le Jour. Essai psychanalytique sur le fonctionnement mental*, Paris, PUF, 1975.

la zone dangereuse, à fuir en avant et, pour se soulager de l'excitation déstructurante (peur) que suscite en lui l'attente de la crise, à provoquer la violence de l'adulte pour en finir et décharger, du même coup, ce dernier. Car souvent, après la crise, l'adulte est effectivement plus serein et la communication peut reprendre.

Cette hypothèse de la cristallisation de zones froides, dépourvues de toute potentialité érogène, au cours du développement, conduit à reconnaître une forme de sédimentation, de matérialisation, d'anatomisation en quelque sorte de l'histoire des relations enfant-adulte. L'histoire de la subversion libidinale pourrait ainsi se déchiffrer sous la géographie du corps érogène. Les zones exclues de la subversion libidinale seraient ensuite impropres à apporter leur participation à « l'agir expressif ». À l'inverse, lorsque ce sujet est sollicité, en particulier dans la rencontre amoureuse et le corps à corps, à jouer avec ce répertoire érotique inaccessible, risque de se révéler ce que cette exclusion a légué : une vulnérabilité élective à l'apparition d'une maladie somatique frappant la fonction biologique exclue de la subversion libidinale. Ainsi se pourrait-il que, dans certains cas de maladies du corps, le symptôme somatique n'atteigne pas le corps au hasard, mais électivement dans la zone d'exclusion que nous avions proposé de caractériser comme « fonction exclue de la subversion libidinale ».

Contre le risque de cette décompensation particulièrement délétère, certains sujets se défendent par diverses formes de frigidité.

LA VULNÉRABILITÉ PSYCHOTIQUE

L'hypothèse de « l'exclusion de la fonction » hors de la subversion libidinale a été complétée pour pouvoir rendre compte du frayage, dans la formation du corps érogène, du terrain propice à l'apparition d'une psychose de l'adulte. Dans certaines configurations des relations entre l'adulte et l'enfant autour des soins du corps, l'adulte réagit aux fantasmes naissant chez l'enfant par des manœuvres qui consistent à distordre le fonctionnement de sa pensée. Il faut ici donner une précision sur la différence entre le cas général et le cas particulier de la formation d'une vulnérabilité psychotique. Dans le cas général, l'effort de traduction par l'enfant du message de l'adulte (selon la théorie de Jean Laplanche) est gêné par les réactions inconscientes de ce dernier. L'équivoque est d'abord dans le message. Elle joue un rôle majeur dans la construction des théories sexuelles infantiles. Mais, fondamentalement, la traduction et la formation du refoulement sexuel et de l'inconscient sexuel chez l'enfant supposent la mobilisation de l'activité mentale élaborative de ce dernier. Dans le cas particulier de la formation d'un terrain psychotique, le message de l'adulte n'est pas seulement compromis ou ambigu. L'adulte, dans un deuxième temps, intervient sur la pensée de l'enfant : il disqualifie et fait subir aux traductions de l'enfant des distorsions si profondes que ce dernier finit par éprouver des difficultés à réfléchir. Les troubles de la pensée occupent bientôt le devant du tableau à chaque fois que les fantasmes de l'enfant approchent les zones dangereuses de l'inconscient sexuel parental. Les traductions ne sont plus seulement fantaisistes comme dans le cas général, elles s'effacent devant l'arrivée de troubles confusionnels et mnésiques, ou de troubles du cours de la pensée. En d'autres termes, l'attaque de l'adulte ne vise pas l'arrêt ou la suspension de la pensée de l'enfant comme dans le cas de la « vulnérabilité somatique », mais la déformation de la pensée selon les voies que l'adulte s'efforce d'imposer à l'enfant. Lorsque cette emprise est efficace, l'enfant passe par des phases de prostration et de perplexité où il ne parvient plus à distinguer ce qui est sa propre pensée et ce qui est celle de l'adulte : sentiments d'influence ou d'étrangeté pathologiques.

En ce qui concerne le devenir du corps érogène de ces enfants, les désordres qui s'inscrivent durablement dans une géographie amputée de leur corps érotique se traduisent par autant de difficultés dans la mobilisation de l'agir expressif dont les caractéristiques sont visibles en clinique dès l'investigation et ont de ce fait une grande valeur d'orientation diagnostique (maniérisme, rigidité musculaire, tremblements, etc.). La fonction qui a été exclue de la subversion libidinale n'est pas une fonction viscérale périphérique, mais la cognition. La vulnérabilité se situe au niveau du fonctionnement cognitif (choix de la fonction) et les troubles somatiques se localisent dans les réseaux neuronaux du cerveau qui sont indispensables à ce fonctionnement (l'organe).

Remaniements conceptuels

La redistribution des composantes[1] de la pulsion de mort situe donc cette dernière spécifiquement en ces lieux et ces fonctions du corps qui n'ont pas bénéficié de la subversion libidinale et n'ont donc pas été intégrés au corps érogène. Pour autant qu'à ces lieux du corps correspondent souvent des

---

1. En pulsion sexuelle de mort et pulsion non sexuelle de mort.

silences psychiques, mentaux et fantasmatiques, et que leur sollicitation n'aboutisse souvent qu'à faire surgir l'expérience redoutable du vide et de la frigidité, la clinique suggère que l'excitation de ces zones de fragilité structurale ne s'arrête pas toujours à des blancs, des silences, des manifestations déficitaires ou relevant du négatif. Les décompensations psychopathologiques, comme la crise évolutive d'un processus somatique, un délire ou un passage à l'acte, sont des réponses fréquentes à l'activation de la pulsion de mort. Mais elles ne sont pas réductibles à l'expression de la seule pulsion de mort. En 1986, quand je présentais la troisième topique, les différentes configurations psychopathologiques avaient été examinées successivement. Toutes ont en commun d'associer l'impuissance à éprouver la vie en soi (pulsion non sexuelle de mort) au pouvoir de déchaînement de l'excitation d'origine sexuelle (pulsion sexuelle de mort). C'est cette confluence du sexuel avec la mobilisation de la pulsion de mort qui fait passer cette dernière pour violente, primitivement. Selon la nouvelle conception ici soutenue, la pulsion de mort n'est pas primitivement vectorisée vers la violence, mais vers l'expérience effarante de la vie et de l'affectivité qui se retirent de soi, ainsi que de la pensée qui s'engourdit jusqu'à céder la place au vide. La forme typique la plus pure d'aboutissement de ce processus étant la dépression essentielle, il reste à comprendre comment se font ces confluences entre le sexuel et la pulsion de mort dans les formes de décompensation qui ne conduisent pas à la dépression essentielle. (Précisons toutefois que si dans le texte a été employé le terme de co-excitation sexuelle et non d'intrication, c'est parce que tout, dans ces formes pathologiques de décompensations, se situe du côté de la déliaison. Le terme d'intrication pulsionnelle serait donc inapproprié.)

Pour pouvoir examiner cette question, il faut d'abord préciser les incidences des échecs de la subversion libidinale sur l'organisation de l'inconscient.

LE CLIVAGE DE L'INCONSCIENT

Les échecs de la subversion libidinale se traduisent par des zones et des fonctions muettes dans le corps érogène. Donc, par la formation de zones non sexuelles dans le corps. Nous nous trouvons face à un paradoxe : l'échec de la subversion libidinale est d'origine sexuelle, mais la pulsion de mort est non sexuelle. Ce paradoxe trouve sa solution dans la structure spécifique de l'inconscient qui répond à cette anomalie de formation. L'échec de la subversion libidinale, nous l'avons vu, serait lié à la spécificité des réactions de l'adulte en réponse aux sollicitations dont il est l'objet par la pensée et le corps de l'enfant. Ces réactions, fussent-elles violentes contre l'enfant, sont à n'en point douter liées à l'inconscient sexuel de l'adulte.

Pour retranscrire cette généalogie dans le vocabulaire de la théorie de Jean Laplanche, on peut dire que la réaction même pathologique de l'adulte fonctionne, *nolens volens,* pour l'enfant comme un message énigmatique. Mais dans la théorie de la séduction, il faut envisager plusieurs chaînons intermédiaires : les gestes sur le corps de l'enfant, même quand ils se veulent purement instrumentaux, sont « compromis » par les effets de l'inconscient de l'adulte sur ses propres gestes. L'enfant est excité et séduit par ce qui naît simultanément dans son corps et dans celui de l'adulte. Cette excitation au contact de l'adulte fonctionne pour l'enfant comme un message (inconscient) adressé par l'adulte. À ce message répond la curiosité de l'enfant. Il s'engage dans un effort pour déchiffrer le message, sans doute pour devenir maître de la réitération des effets sensuels de l'excitation dont il est, primitivement, le sujet passif. Dans son effort de traduction, l'enfant herméneute interprète. L'interprétation – traduction (théorie sexuelle infantile) – est incomplète et laisse derrière elle du non traduit, à contenu sexuel aussi. Le non-traduit est la forme princeps du refoulement qui n'est, somme toute, que l'envers véritable de toute traduction, par essence imparfaite. La sédimentation du refoulé non traduit forme l'inconscient. Cet inconscient est donc *sexuel* et *refoulé* et résulte de l'opération même du refoulement. Ainsi la séduction venue du dehors (l'objet source) est-elle devenue intérieure (l'inconscient) et donne-t-elle leur forme aux pulsions, sexuelles elles aussi.

Même si le processus long de la séduction généralisée peut être autrement schématisé que cidessus, il faudra admettre la place centrale de la *pensée de l'enfant* dans son accomplissement. La pensée de l'enfant est irréductiblement la sienne propre, la traduction qu'il fait est la sienne propre (elle est pure production de son imagination à lui, de ses fantasmes à lui), elles ne constituent pas la reproduction de l'inconscient de l'adulte. Tout au plus peut-on reconnaître que l'inconscient refoulé de l'enfant répond à l'inconscient sexuel de l'adulte, mais il est une production singulière et unique propre à l'enfant. L'inconscient de l'enfant n'est pas une copie de celui de l'adulte. Ajoutons que l'importance de la pensée de l'enfant dans le processus se mesure à ce que toutes les étapes rappelées ici relèvent rigoureusement de l'ordre fantasmatique. Et si le corps est invité à la fête, ce n'est pas au titre des comportements instinctuels innés, ni de son fonctionnement physiologique. La sexualité tout entière appartient à l'ordre fantasmatique et non à l'ordre biologique de la reproduction, qui n'a ici rigoureusement aucune place possible (en raison de l'immaturité endocrinienne).

Soulignons un point. L'adulte ne s'en tient pas à des actes hygiéno-diététiques avec le corps de l'enfant. Il y ajoute une séduction. Mais son rôle ne s'arrête pas là. L'enfant qui traduit le message teste ses trouvailles en appelant l'adulte par ses mouvements, son agitation, ses cris, sa voix, son excitation. Et l'adulte en bonne santé répond à ces sollicitations répétées au cours desquelles l'enfant le met à l'épreuve. La pérennité de la communication est un accompagnement nécessaire à la poursuite de la traduction et à l'enrichissement de l'inconscient refoulé de l'enfant.

Les échecs de la subversion libidinale correspondent à un coup d'arrêt dans le processus, provoqué par des réactions spécifiques de l'adulte qui ont pour conséquence d'interrompre la communication et d'arrêter la pensée de l'enfant. En d'autres termes, la violence de l'adulte, en empêchant la pensée de l'enfant, rend du même coup impossibles et la traduction et son résidu – le refoulement. Ce qui sédimente cette fois dans l'inconscient de l'enfant en réponse à l'expérience d'une excitation traumatique ne peut pas procéder du refoulement. Une trace de cette expérience demeure sûrement, *mais elle ne passe pas par la pensée*. L'inconscient qui se forme ici est différent de l'inconscient sexuel. C'est un inconscient – osons ce terme, nous tenterons de le justifier plus loin – qu'on qualifiera d'amential (du terme *amentia* emprunté par Freud à Meynert). Dans la mesure où il n'y a pas de refoulement en tant qu'envers d'une traduction, on peut considérer qu'il s'agit ici d'une action de mise à l'écart. Elle pourra être caractérisée comme une mise en exil, un bannissement, une proscription ou une relégation de cette expérience hors de la pensée. Nous proposons de retenir les termes de *relégation* et de *proscription*. Inconscient relégué ou proscrit, par différence avec l'inconscient refoulé. Ou encore inconscient amential, par différence avec l'inconscient sexuel[1].

Bien que ne procédant pas du refoulement, il est légitime de considérer les traces des échecs de la subversion libidinale comme formant système, au titre de l'inconscient. De cet inconscient, nous avons des preuves : les formes de décompensations que nous avons mentionnées plus haut sont les expressions spécifiques de cet inconscient, de ses effets à distance sur le moi, de son activation par la rencontre intersubjective – séduction secondaire (aussi bien par la relation amoureuse que par le transfert dans la cure).

RETOUR SUR LA THÉORIE DES PULSIONS

Dans la théorie de la séduction de Laplanche, la source de la pulsion, on le sait, est dans l'objet, c'est-à-dire dans la séduction par l'adulte. Toutefois, la pulsion appartient bien sûr au patrimoine personnel de l'enfant. Elle est greffée, entée sur le corps de l'enfant et ressortit dès lors à son inconscient sexuel, devenu, comme nous l'avons signalé plus haut, radicalement autre que celui de l'adulte séducteur. Dans cette perspective, la pulsion n'a strictement aucun rapport avec l'instinct et n'a même aucune connexion initiale avec lui[2]. La pulsion, en revanche,

1. Dans la première version de la troisième topique, nous avions parlé d'inconscient « secondaire » pour l'inconscient sexuel refoulé et d'inconscient « primaire » pour l'inconscient amential proscrit. La différence introduite par la nouvelle terminologie renvoie à une conception plus précise qu'elle ne l'était alors du refoulement (selon les voies du message, de la traduction et de ses résidus, proposées par Jean Laplanche).

2. *Cf.* J. Laplanche, *Le Fourvoiement biologisant de la sexualité chez Freud, op. cit.*

est rigoureusement indissociable du sexuel et du refoulement. Comment comprendre ce qui se joue du point de vue de la genèse de la pulsion du côté de l'inconscient amential ? Si ce dernier se manifeste à distance, en particulier dans la dépression essentielle et dans les autres décompensations pathologiques, force est d'admettre qu'il peut être à l'origine de certains mouvements psychiques, fût-ce de mouvements d'effacement, d'absentéisation à soi-même. Mais dans la mesure où il est structuré par l'impensé et l'impensable et où il n'a de rapport avec aucune représentation, son activation *ne peut donner lieu directement à un travail d'élaboration.* Si l'on tient à parler ici de « pulsion » venant de « l'inconscient proscrit », il faudra admettre que la structure de ces pulsions est différente de celle des pulsions sexuelles venues de l'inconscient refoulé. La pulsion, écrit Freud[1], est « la mesure de l'exigence de travail imposé au psychisme du fait de ses relations avec le corporel ». Or ici, la mesure de l'exigence de travail est nulle (absence ou paralysie de la pensée). C'est pourquoi on pourra considérer ces pulsions venues de l'inconscient amential (déconnectées de la pensée) comme des pulsions incomplètes, atrophiées. Cette forme mutilée de la pulsion serait, en fin de compte, la forme même de la *pulsion de mort* et se manifesterait du point de vue économique par une déperdition, un évidement, une défection de la subjectivité : une pulsion qui, lorsqu'elle est activée, déclencherait une désubjectivation.

Si l'inconscient amential possède une réactivité et un pouvoir de mobilisation propres, il faut expliquer comment et pourquoi la subjectivité n'est pas constamment érodée par la pulsion de mort. En d'autres

1. S. Freud, « Pulsions et destins de pulsions » (1915), dans *Métapsychologie*, Paris, Gallimard, 1952, p. 25-66.

termes, comment les effets délétères de l'inconscient amential et de la pulsion de mort peuvent-ils être contenus ou contrôlés, puisque, dans cette partie de l'inconscient, le refoulement n'a pas cours ?

INCONSCIENT AMENTIAL ET COMPORTEMENT D'ATTACHEMENT

Dans la théorie de la séduction, une place et un rôle spécifiques sont assignés, dans la genèse même de la sexualité infantile, à l'attachement. Le rôle de ce dernier est interprété par Jean Laplanche comme la base à partir de laquelle se déploie tout le processus de séduction par l'adulte et de traduction par l'enfant. Dans l'attachement se situent des montages comportementaux innés qui sont nécessaires à la survie biologique de l'enfant. Grâce à l'attachement, *de nature non sexuelle*, l'enfant cherche la relation avec le corps de l'adulte et y provoque des sollicitations, en particulier cutanées, qui suscitent en retour chez ce dernier des comportements de soin ou mieux de *retrieval*[1] (réduction par l'adulte de la distance entre l'enfant et la mère et maintien de l'enfant en contact étroit avec elle). Les incidences à long terme du contact cutané entre les corps ont été approfondies par Didier Anzieu dans la théorie du moi-peau, que la thèse du corps érogène rejoint sur bien des points. Dans la conception de Jean Laplanche, à l'attachement sont assignées les principales fonctions que Freud visait dans la première théorie des pulsions sous l'appellation d'autoconservation. Bowlby, quant à lui, prend de nombreuses précautions vis-à-vis de l'usage du concept d'instinct. Il préfère en rester à la notion de com-

---

1. J. Bowlby, *Attachement et perte. I : L'attachement* (1969), Paris, PUF, 1978, p. 323-325.

portement d'attachement[1]. Nous n'entrerons pas plus avant dans cette discussion, mais nous pensons légitime de le suivre dans ses conclusions, qui reflètent surtout, semble-t-il, les progrès des connaissances en éthologie depuis l'époque de Freud et leurs incidences sur la théorie des comportements innés.

Pour Laplanche, le processus de formation de la sexualité infantile est obtenu par dérivation, à partir de l'attachement – non sexuel – qui figure ici comme « onde porteuse » des relations entre l'enfant et l'adulte, parasitée en quelque sorte par la séduction (que nous avons désignée ici par l'expression de « subversion libidinale des fonctions physiologiques »). L'attachement, dont la fonction physiologique est de stabiliser et de renforcer les rapprochements entre l'enfant et l'adulte, semble nécessaire pour activer sans délais chez l'adulte les comportements de soins (hygiéno-diététiques) au corps de l'enfant. Mais ces interactions dans le registre instrumental sont « parasitées » par les fantasmes sexuels de l'adulte, de sorte que ces soins ne se réduisent pas à des soins. Ils véhiculent des contenus érotiques qui agissent comme séduction sur l'enfant. En d'autres termes, si la séduction par l'adulte parvient à se greffer d'une manière aussi précise sur le corps de l'enfant, c'est parce qu'elle atteint ce dernier grâce à l'onde porteuse des soins du corps qui parcourent tout le corps de l'enfant jusque dans son intimité, selon diverses modalités d'un corps à corps adulte-enfant, mobilisé et guidé par les comportements d'attachement.

La conception que nous proposons ici est presque entièrement recouverte par la théorie de la séduction. Les rapports entre formation de la sexualité

1. *Ibid.*, p. 189-198 et 239-244.

infantile et attachement sont rigoureusement identiques aux rapports entre subversion libidinale et corps biologique. On peut seulement relever une inflexion différente, en ce sens que nous accordons ici une attention plus importante à ce qui advient du corps biologique. Sans manifester d'hostilité à l'approfondissement des destins des comportements innés, Laplanche laisse cependant entendre, souvent par prétérition, que ce qui ressortit à l'attachement ne peut pas être retrouvé chez le sujet humain, parce que la séduction aurait fait de l'homme un animal totalement « dénaturé ». Dans notre conception de la troisième topique, nous prenons un peu d'écart par rapport à celle de Laplanche. La séduction – ici la subversion libidinale – peut rencontrer des obstacles sérieux qui la mettent en échec. Il en résulte une agénésie ou une amputation du corps érogène. Expliciter les conséquences de ces échecs oblige non seulement à considérer l'avers (les mutilations du corps érogène), mais aussi l'envers : les destins de la partie d'onde porteuse – d'attachement – qui a été proscrite de la subversion libidinale. Cet examen conduit à admettre l'existence d'un deuxième système inconscient, *l'inconscient amential*, et à tenir ce dernier pour une forme spécifique de cristallisation des résidus de l'attachement ayant été proscrits de la subversion libidinale.

L'inconscient amential est constitué par « proscription », hors de portée de l'activité de penser de l'enfant. La proscription serait l'intention même des comportements violents de l'adulte en réponse aux sollicitations venant de l'enfant. Elle serait le résultat de réactions de l'adulte antithétiques au *retrieving*. Bowlby, d'ailleurs, les envisage aussi : « Il en est ainsi de l'aversion pour le contact avec le bébé ou de l'aversion pour ses cris, ce qui peut entraîner la mère à un retrait à l'égard du bébé. [...] chez une mère perturbée sur le plan émotionnel, cela peut interférer gravement avec les soins[1]. » L'auteur ne va pas plus loin dans cette direction. Il n'envisage pas les rapports entre ces « comportements antithétiques » de l'adulte et son inconscient. Il ne prend pas en considération ce qui, pour le travail de l'analyste, est une donnée essentielle : les liens étroits entre ces comportements antithétiques de l'adulte et l'organisation de la vie sexuelle de ce dernier. Bowlby, en effet, s'intéresse, en règle, davantage aux comportements d'attachement de l'enfant qu'aux comportements de *retrieval* qui y répondent chez l'adulte. L'examen des analyses proposées par Bowlby, en particulier dans le second tome de son livre[2], suggère que les comportements antithétiques de l'adulte, loin de décourager l'ardeur de l'enfant, contribuent à accroître ses comportements d'attachement (surdépendance ou attachement angoissé).

L'hypothèse des échecs de la subversion libidinale se sépare des interprétations que donne Bowlby des conditions propices à la formation de « l'attachement assuré » (ou « croissance de la confiance en soi »). Selon Bowlby, la « confiance en soi » serait le prolongement naturel d'une expérience fiable des relations d'attachement. Entre celle-là et celle-ci, le lien serait établi par une sorte d'apprentissage. Dans l'hypothèse de la subversion libidinale, au contraire, la « confiance en soi » reposerait sur l'amour de soi, c'est-à-dire sur la capacité de l'enfant à aimer son propre corps, à aimer en quelque sorte la vie qui s'éprouve dans le corps. Entre attachement et narcissisme s'interposerait un processus beaucoup plus long et complexe qu'un apprentissage de bonnes interactions adulte-enfant dans la sphère de l'attachement : ce processus passerait par la subversion

1. *Ibid.*, p. 326.
2. J. Bowlby, *Attachement et perte. II : La séparation : angoisse et colère* (1973), Paris, PUF, 1978, p. 279-284.

libidinale, la formation de l'inconscient sexuel et le travail psychique lié à « l'exigence de travail imposée au psychisme » (pour reprendre les termes par lesquels Freud définit la pulsion). Ce serait par la subversion libidinale, qui est aussi une subversion de l'instinct d'attachement au profit de la formation de la pulsion, que la subjectivité s'émanciperait de l'attachement. Ce serait par décollement que la confiance en soi se détacherait de l'attachement et non par confirmation de l'attachement.

ACTIVATION DE L'INCONSCIENT AMENTIAL ET CRISE PSYCHOPATHOLOGIQUE

Dans la conception que nous esquissons ici, l'activation délétère de la pulsion de mort se produit le plus typiquement dans la rencontre amoureuse. Au cours des échanges érotiques, les amants jouent avec les différentes parties du corps et sollicitent la subversion libidinale jusqu'à ses limites. Un de ces jeux – avec les odeurs, avec les orifices, avec le toucher, avec les postures, avec la voix, avec le regard – un de ces jeux donc, soudain, mobilise chez le sujet l'excitation d'une zone corporelle ou d'un registre expressif du corps qui est marqué du sceau de la proscription (fonction exclue ou proscrite de la subversion libidinale) : c'est comme si, d'un seul coup, le charme érotique était rompu. L'excitation cède la place à l'anesthésie, les caresses sont ressenties comme des frottements désagréables et inutiles, la chaleur des peaux au contact provoque un besoin impérieux de se rafraîchir, le baiser devient mécanique et froid, les odeurs exhalées par les corps deviennent nauséabondes, les muscles perdent leur tension, la respiration ralentit. Le corps devient atone et est déserté de toute sensualité. L'indifférence affective s'aggrave et peut aller jusqu'à la sensation d'une hypoesthésie généralisée, voire d'une insensibilité effarante du corps entier. Même s'il se force, même s'il tente de reprendre certaines postures, même s'il touche lui-même son corps, aucune excitation n'advient : le sujet fait l'expérience de l'absence de réactivité de son corps, l'expérience de l'apathie. Frigidité qui s'éprouve comme la vie s'absentant du corps.

Au départ de cette crise, il y a la perte brutale, inattendue et irréversible du *contact* avec l'autre. Du point de vue du fonctionnement psychique, la perte du contact serait consécutive à la disparition de l'activité fantasmatique, c'est-à-dire de la substance même du sexuel. Les jeux érotiques auraient sollicité ce qui dans le mouvement même de la pensée de l'enfant a été proscrit par la violence de l'adulte. Il refait l'expérience de l'arrêt de la pensée, de l'extinction soudaine de l'activité fantasmatique en réponse à la stimulation de la zone traumatique. D'un coup, la subjectivité se dérobe, le corps ne s'éprouve plus soi-même : expérience princeps de la désincarnation par effacement de l'érogénéité – perte du sentiment des limites du corps, non-reconnaissance du corps propre – qui éventuellement peut ouvrir la voie à un début de dissociation.

Fréquemment, cette expérience est le point de départ d'une hypocondrie durable. En termes métapsychologiques, la crise du corps érotique est l'effet d'une mobilisation de l'inconscient proscrit. L'anesthésie et l'extinction de l'activité fantasmatique sont ce par quoi se manifeste la pulsion de mort, comme processus radical de déliaison allant jusqu'à la « dissolution de la conscience de soi » pour évoquer la terminologie organo-dynamique, ou la « désagrégation de l'organisation associative » pour évoquer les termes de l'*amentia*, c'est-à-dire, dans les deux cas, la menace d'une confusion mentale. Ajoutons que la crise témoigne de la rupture du clivage, c'est-à-dire de la déstabilisation de l'architecture topique (décompensation). Les effets de l'inconscient non refoulé (ou inconscient proscrit) sur le moi se manifestent par une crise d'identité d'une part, par le retour de comportements non sexuels d'autre part (relevant de l'attachement).

L'effacement du corps érogène qui est au centre de la crise s'accompagne, en effet, dans le même temps, d'une résurgence du reste proscrit de la subversion libidinale dont nous avons vu plus haut qu'il ressortit à l'attachement. Deux arguments cliniques plaident en ce sens. L'un se manifeste chez le sujet en crise, l'autre chez le partenaire.

Chez le sujet, la crise, qui commence par l'expérience de la non-réactivité du corps devenu apathique, se poursuit souvent par une poussée d'angoisse : angoisse de perte du contact avec l'autre et angoisse de perte du contact avec sa propre subjectivité. Cette angoisse, si elle n'est pas interrompue, conduit à la confusion mentale, l'*amentia* mentionnée par Freud dans « La perte de la réalité dans la névrose et dans la psychose [1] ». Là où Meynert parle de « désagrégation de l'organisation associative [2] », Freud parle de « régression topique » doublée d'une « régression temporelle ».

Si toutefois le sujet en crise trouve encore des ressources pour lutter contre l'angoisse, il n'est pas rare que cette dernière cède la place à une crise de colère dirigée en général contre l'autre (mais qui

1. S. Freud, « La perte de la réalité dans la névrose et dans la psychose » (1924), dans *Névrose, psychose et perversion*, Paris, PUF, 1973.

2. T. Meynert, *Klinische Vorlesungen über Psychiatrie auf Wissenschaftlichen Grundlagen, für Studierende und Ärzte, Juristen und Psychologen* (1890), Braumüller, trad. fr. dans C. Lévy-Friesacher, *Meynert-Freud : l'amentia*, Paris, PUF, 1983, p. 60-166.

peut, dans certains cas, faire naître de virulentes idées d'automutilation ou de suicide). La genèse de ces comportements est étudiée en détail par Bowlby. Ce mouvement de bascule de l'angoisse en colère est étroitement lié à l'expérience de la perte : perte du contact dont l'autre est tenu pour agent responsable [1].

Dans le cas où le sujet n'a plus de ressources, il dérive vers l'*amentia* ou s'effondre dans la prostration, voire dans l'apragmatisme (évoquant les états d'abandonnisme décrits chez les enfants), et se dirige vers la dépression essentielle.

Le deuxième argument clinique concerne le partenaire. Quand éclate la crise où le corps érogène se dérobe, le partenaire, inévitablement atteint à son tour, peut réagir de différences façons. Ou bien il insiste à vouloir retrouver le contact érotique, ce qui

---

1. Voir en particulier J. Bowlby, *Attachement et perte. II : La séparation : angoisse et colère, op. cit.*, p. 324-329. Au demeurant, le partenaire est effectivement responsable de la crise qui emporte le sujet, que ce soit par inadvertance, imprudence, manque de tact ou sadisme. Car, en somme, c'est par la séduction qu'il exerce sur le sujet que le partenaire réussit à entraîner ce dernier à s'aventurer dans les impasses de son corps érogène où se réactive la proscritpion héritée de l'enfance. En d'autres termes, la séduction par le partenaire vient exciter la zone de sensibilité de l'inconscient et déclenche le « retour du proscrit » (réplique au niveau de l'inconscient amential de ce qu'est le retour du refoulé au niveau de l'inconscient sexuel). La description clinique (ou phénoménologique) de la crise de désérogénéisation du corps est une synthèse du matériau recueilli auprès de mes patients psychotiques et somatiques. Mais l'accès à ce matériau est rare. Il pose d'ailleurs des problèmes pratiques complexes. En effet, la curiosité de l'analyste pour ce matériau mobilise à son tour la réminiscence de l'expérience frappée de proscription par l'histoire infantile et risque de déclencher la crise : illustration exemplaire du pouvoir du transfert à réactiver la séduction par l'adulte aussitôt associée ici à son contraire, la proscription de la pensée par l'adulte.

aggrave la crise chez le sujet, ou bien il est arrêté par ce que provoque en lui la crise dont il est au moins le témoin, sinon l'agent. Frustration et déception peuvent ici céder la place à des réactions d'aversion chez le partenaire, qui, dans le registre de l'attachement, sont éprouvées par le sujet en crise comme des « comportements antithétiques » au sens que Bowlby donne à ce terme. Là encore la crise s'aggrave.

En définitive, face à la crise du corps érogène, le seul moyen pour le partenaire d'aller à la rencontre du sujet en lutte avec l'expérience de désaffectivation du corps est la tendresse, c'est-à-dire des « comportements de soins » ou de *retrieval*, témoignant d'une capacité de renoncement (*Triebverzicht* dans le vocabulaire freudien) au registre sexuel du corps à corps.

LE CONTRÔLE ORDINAIRE DE LA PULSION DE MORT : ÉVITEMENT PHOBIQUE ET PULSION D'EMPRISE

De façon à peine moins spectaculaire, la clinique met souvent le psychanalyste face à une forme incomplète et atténuée de la crise amentiale : « l'attaque de panique », comme il est devenu fréquent de l'entendre diagnostiquer par les praticiens de la psychiatrie contemporaine. Angoisse massive, sans contenu de pensée saisissable par le sujet lui-même, que la plupart des patients savent parfaitement distinguer de l'angoisse de base dont ils souffrent chroniquement, du fait de leur dépression, de leur névrose, voire de leur psychose. Expérience tellement redoutée qu'elle suscite parfois une « angoisse de l'expérience d'angoisse ». En général, afin d'éviter les risques de gestes dangereux et irréversibles, ces patients ont recours à un traitement sédatif, d'une efficacité au demeurant très variable, conduisant souvent à l'usage de posologies élevées avec leur cortège d'effets indésirables.

L'intolérance à toutes les formes de stimulations sensorielles, en particulier au bruit, juste avant et pendant l'attaque de panique, en impose pour un tableau d'hyperesthésie quasi douloureuse qui semble en contradiction avec l'anesthésie de la désérogénéisation du corps, propre à la crise amentiale. La discussion du matériau clinique suggère que la dimension hyperalgique de ces sensations précritiques est liée à la sollicitation des fantasmes qui, électivement frappés par la proscription, avertissent le sujet du risque imminent de perdre le contact avec son corps et de faire l'expérience effarante du vide.

L'« ALLIANCE PAR EXCLUSION »

Les sujets vulnérables à ces crises s'en défendent parfois avec succès, mais c'est au prix d'un rétrécissement de leur vie sociale et sexuelle (évitement des situations de séduction). D'autres sujets plus chanceux parviennent à établir une vie sexuelle stable, lorsqu'ils trouvent un partenaire capable d'accepter des jeux érotiques respectant des limites qu'il ne faut jamais enfreindre : pour les uns, tout est permis sauf le contact buccal ; pour d'autres, tout est permis si la lumière est allumée et qu'ils conservent un contrôle visuel de la situation ; pour d'autres encore, le corps à corps est possible, à condition d'exclure les caresses sur telle ou telle partie du corps... Ainsi peut se constituer une alliance entre partenaires compatible avec la stabilité du clivage (dans la troisième topique). Autant de formes de respect du clivage par l'*exclusion* des jeux mobilisant ce qui a été proscrit de la subversion libidinale. Ce compromis intersubjectif sera par la suite désigné par l'expression simplifiée d'« alliance par exclusion ». Si nous précisons ce point clinique, c'est parce qu'il ouvre sur un problème métapsychologique essentiel à l'analyse de la troisième topique. La construction d'une alliance intersubjective par exclusion de certains registres érogènes est malaisée. De mon expérience clinique, je crois pouvoir conclure que dans la plupart des cas, son aménagement progressif et sa stabilisation impliquent le recours à la violence. Le problème métapsychologique est ici celui de la façon dont se tissent les relations entre pulsion de mort et violence. Dans la perspective envisagée, la violence serait un moyen électif pour empêcher l'autre d'atteindre la zone de sensibilité de l'inconscient et de déclencher la pulsion de mort et ses effets (la crise amentiale). La pulsion de mort ne serait pas primitivement violente. Ce serait sa conjuration ou son contrôle qui, secondairement, ferait confluer la violence avec elle. Comme nous l'avons indiqué plus haut, la violence appartient en propre au sexuel. La mobilisation de la violence du sexuel (« pulsion sexuelle de mort » dans le vocabulaire laplanchien) serait plutôt mise au service du contrôle des effets désubjectivants de l'inconscient proscrit.

Revenons donc à la dynamique de l'alliance par exclusion. Elle ne se négocie pas toujours avec le partenaire. Elle s'impose, parfois par la violence. La négociation supposerait un maniement de la pensée. Or, dans cette partie de la topique, précisément, la pensée est frappée de proscription (par opposition au refoulement). C'est directement, au cours même de l'échange érotique, que le sujet impose au partenaire la suspension de la séduction, en provoquant une rupture par un geste violent : morsure, étranglement, contention engendrant la douleur, coup « involontaire » ou « maladroit », rejet brutal qui peuvent passer pour le dérapage par inadvertance d'un geste, érotique au départ. Autant de manœuvres qui, en fait, déclenchent la peur chez le partenaire. À la suite de l'incident, pas d'explication. Au mieux une excuse sans commentaire (car pas de pensée préconsciente). Au coup par coup, ces incidents imposent et apprennent au partenaire les limitations précises qu'il convient de mettre au jeu de la séduction, afin de protéger la zone exclue de l'échange érotique. Au maximum, le sujet impose au partenaire une passivité et une soumission. Ces comportements complexes, qui peuvent à chaque fois compromettre définitivement la relation, dessinent peu à peu la géographie érogène et ses limites, tant pour le partenaire que pour le sujet. Lorsque la relation d'alliance est stabilisée, il n'est pas rare que les manquements soient l'occasion de comportements encore plus agressifs. Ce faisant, le sujet fait aussi l'expérience du pouvoir de contrôler son propre clivage par la maîtrise exercée sur le corps du partenaire. Et il en éprouve de la jouissance. « L'alliance par exclusion » est devenue une source supplémentaire de jouissance sadique. Se trouve ainsi réalisée la confluence du sexuel et du non-sexuel (pulsion de mort), dans une forme de co-excitation sexuelle pathognomonique de l'alliance par exclusion, destinée à la maintenance du clivage (contrôle de la pulsion de mort et des effets de l'inconscient amential).

Il me semble qu'on peut retrouver dans ce processus psychodynamique toutes les caractéristiques du concept de *Bemächtigungstrieb* dans le texte de Freud (*Trois essais sur la théorie sexuelle* et *Au-delà du principe de plaisir*) que Laplanche[1] traduit par

1. Voir ici le commentaire très précis du concept donné par Laplanche et Pontalis dans *Vocabulaire de la psychanalyse*, Paris, PUF, 1998, p. 364-367.

« pulsion d'emprise » et Derrida par « pulsion de pouvoir ».

Dans la perspective de la troisième topique, la composante tyrannique de la pulsion d'emprise relèverait de l'inconscient amential – formé par proscription de la pensée – et de son origine : l'attachement ; la composante violente – secondaire – relèverait de l'inconscient sexuel et de son origine : la sexualité infantile.

Dans cette perspective donc, la pulsion d'emprise serait une formation jouant un rôle majeur dans la stabilité du clivage et la conservation de l'architecture de la troisième topique.

LA PULSION D'EMPRISE : SPÉCIFICITÉS MÉTAPSYCHOLOGIQUES

L'alliance par exclusion serait donc le résultat d'un montage précis auquel ne parviennent pas tous les sujets. Sa construction implique souvent l'exercice de la violence. Une fois établie sa « valeur » devient considérable, puisqu'il en va de la stabilité topique de l'appareil psychique et donc, du même coup, de la santé mentale.

Lorsqu'il l'a conquise, le sujet y tient autant qu'à la prunelle de ses yeux, c'est-à-dire à sa propre subjectivité. La passion avec laquelle il investit cette relation d'alliance par exclusion se double le plus souvent et inévitablement d'une passion proportionnelle pour le partenaire. La relation devient *tyrannique*. Toute menace de rupture de la relation risque de déclencher des réactions violentes. En contrepartie, la jouissance éprouvée dans l'exercice de la maîtrise ou, mieux, de l'emprise sur l'autre, tend facilement à se teinter de sadisme (co-excitation sexuelle).

Ce qui reste de l'attachement se manifesterait souvent ensuite par les différentes formes de tyrannie, aussi bien domestique (jalousie, passion de l'ordre, domination par la menace ou la violence) que professionnelle ou sociale [1].

La tyrannie comme perversion et la « satisfaction par la perception » seraient les formes ordinaires dans lesquelles se retrouvent et se concrétisent les résidus de l'attachement, c'est-à-dire la part de l'onde porteuse – instinctuelle – proscrite de la subversion libidinale (par la violence de l'adulte). Nous rejoignons ici la conclusion de Jean Laplanche sur la « dénaturation » de l'instinctuel chez le sujet humain (c'est-à-dire le gauchissement de l'instinctuel par le sexuel). Mais il nous semble nécessaire de reconnaître à la pulsion d'emprise un statut particulier qui, dans la perspective de la troisième topique, n'est pas une pulsion sexuelle à part entière, parce qu'elle contient une composante non sexuelle. *La pulsion d'emprise serait la forme spécifique sous laquelle l'instinctuel perdure chez l'adulte.* Pulsion spécifique en ceci qu'elle porte en elle ce qui a été écarté de la séduction et de la traduction et n'advient que très difficilement au statut « d'exigence de travail imposée au psychisme du fait de ses relations avec le corporel ». La frustration de la pulsion d'emprise ne se manifeste pas par une exigence d'élaboration, en raison de l'absence de refoulement primaire à son fondement. Elle se manifeste par une crise qui, tendantiellement, pousse le sujet vers l'*amentia* (confusion mentale) ou vers la violence. Les manifestations de la pulsion d'emprise auraient cette caractéristique d'être rebelles, dès leur origine, à la perlaboration. Elles signeraient même la mise

1. P. Legendre, *Jouir du pouvoir. Traité de bureaucratie patriote*, Paris, Minuit, 1976.

hors jeu de la pensée au profit des comportements et de la compulsion. Et pourtant ! Dans la pulsion d'emprise il y a aussi du sexuel, c'est-à-dire du pulsionnel au sens plein du concept analytique, c'est-à-dire une part d'exigence de travail imposée au psychisme. Le fait est que les conduites mobilisées par la pulsion d'emprise sont en contradiction avec Éros, c'est-à-dire avec l'amour – amour de soi d'abord (narcissisme), amour objectal ensuite (relation à l'objet total). À cette contradiction dans l'ordre des conduites devrait correspondre un conflit intrapsychique entre pulsions, dont on s'attendrait à voir émerger un travail de perlaboration.

Pourquoi donc, si souvent, la clinique nous montre-t-elle chez un sujet, fût-il névrosé, une aptitude à participer aux formes les plus radicales de tyrannie, jusques et y compris la torture, sans que cela lui occasionne une crise psychopathologique ? Comment peut-on être un « homme ordinaire » et en même temps un tueur[1] ? Comment peut-on être à la fois tortionnaire et en paix avec soi-même ? La réponse est connue : c'est le clivage, dont la troisième topique tente de donner une systématisation ; c'est-à-dire d'expliquer comment ledit clivage est possible chez tout sujet humain, quelle que soit sa structure mentale et non pas seulement chez le pervers organisé. Car, on le sait, n'importe qui peut devenir tortionnaire, comme le montrent les dictatures, les guerres et les armées. (À ceux qui objecteraient que certains en sont incapables, s'y sont d'ailleurs opposés et ont, pour cette raison, connu le Lager ou le Goulag, nous répondrons que s'il leur était effectivement impossible de participer à la barbarie, il n'y aurait parmi eux aucun héros. Le cou-

1. C. Browning, *Des hommes ordinaires. Le 101ᵉ bataillon de réserve de la police allemande et la solution finale en Pologne*, Paris, Les Belles Lettres, 1994.

rage commence quand, en dépit du pouvoir de se cliver et de consentir, on refuse délibérément de le faire.)

À la question du double fonctionnement psychique dans la même personne, la réponse par le clivage est insuffisante. Il faut remonter en amont du clivage, ce dernier étant conçu, dans la troisième topique, comme le résultat d'une construction et non comme un « mécanisme de défense » inné, automatique ou *sui generis*.

Il semble que ce qui assure au clivage une certaine stabilité, c'est précisément la *capacité de ne pas penser*. Par capacité de ne pas penser, nous entendons non pas une incapacité ou une inaptitude à penser mais, au contraire, une capacité d'arrêter de penser, portée par une intention ou par une volonté spécifique.

Comment est-il possible à la plupart des sujets d'échapper à l'exigence de travail imposée au psychisme par la composante sexuelle de la pulsion d'emprise ? La réponse est assez complexe, dans la mesure où elle suppose le recours à une notion qui n'a pas été envisagée jusqu'ici et qui nécessiterait de longs développements théoriques, à savoir *l'imaginaire social*.

L'imaginaire (social) s'oppose ici conceptuellement à l'imagination (subjective). L'imagination est le résultat du *travail psychique de liaison*, à partir de formes figurées (les fantasmes) produites *par le sujet lui-même* et de leur association à des pensées latentes. La forme la plus accomplie de l'imagination est le rêve lui-même (voir le chapitre sur la perlaboration par le rêve). L'imaginaire social, en revanche, est un répertoire d'images *données de l'extérieur* par la société, en forme de slogans, de mots d'ordre, de publicités, de représentations portées par les médias, le cinéma et la photographie, ou encore par les mises en scènes politiques et religieuses de masse. Répertoire de formes datées historiquement et estampillées socialement et culturellement.

La puissance de ces images au regard du fonctionnement psychique procède de leur mise en scène de masse qui leur confère un pouvoir de fascination [1]. Fascination, c'est-à-dire provocation d'un état psychique où l'affect, saturé par l'image, capture la pensée au point de se substituer à elle. L'image en lieu et place de la pensée. Sa puissance, l'imaginaire social ne la tient pas que de son pouvoir de fascination. Il la tient aussi de la façon dont il se propose et se place en regard des questions confusément posées à chaque sujet sur l'exercice du pouvoir, de la force, de la violence, de la domination et de la tyrannie, auxquelles il participe à proportion de la part qui revient, dans l'organisation de son existence privée et sociale, à la pulsion d'emprise. Lorsque l'alliance est établie entre l'imaginaire social et l'inconscient amential, la pensée imaginative, c'est-à-dire la perlaboration, devient inutile et même difficile (capture imaginale). L'imaginaire colmate la brèche que tendent à ouvrir les retours du proscrit et la pulsion d'emprise dans la topique du clivage (déstabilisation du clivage). Le recours à l'imaginaire social serait le moyen communément utilisé pour ne pas penser et s'affranchir de l'exigence de travail imposée au psychisme.

Au-delà de cette alliance entre imaginaire social et inconscient proscrit, le recours à la pensée

---

1. Ce thème a été étudié en détail par J. Le Goff dans *L'Imaginaire médiéval* (Paris, Gallimard, 1985) et *La Bourse et la Vie. Économie et religion au Moyen Âge* (Paris, Hachette, 1986), et par P. Legendre dans *La Fabrique de l'homme occidental* (Paris, Arte/Mille et Une Nuits, 1996).

donnée de l'extérieur n'est plus guère remanié que par des discours de rationalisation... plus ou moins rigoureux, plus ou moins rationnels, plus ou moins étayés par la science. L'imaginaire social, rivé à l'inconscient amential, jointoyé par la rationalisation, acquiert la forme solide de l'idéologie. Dans la troisième topique, l'idéologie prend place dans le compartiment du système conscient. Ce dernier est étanche au préconscient et forme comme une digue en regard de l'inconscient amential désormais contenu, cependant que les rejetons comportementaux de la pulsion d'emprise peuvent trouver à se satisfaire à l'abri du clivage (satisfaction par la perception et alliance par exclusion).

LE SYSTÈME CONSCIENT EST « GENDRÉ »

La rationalisation de l'emprise se révèle en particulier à propos des couples activité-passivité, force-faiblesse, domination-soumission, virilité-féminité, etc. Dans la description du processus de construction de l'alliance par exclusion que nous avons donnée plus haut, en particulier lorsqu'elle passe par le recours à la violence, on aura sans doute reconnu des comportements qu'on interprète souvent comme caractéristiques[1] de la virilité « naturelle ». En fait, ce processus n'est rattachable à

1. Ces caractéristiques sont articulées à toute une série de contenus idéologiques du type : les hommes sont forts, les femmes sont faibles ; les hommes sont actifs, les femmes sont passives ; les hommes sont intelligents, les femmes sont sensibles ; les hommes sont rationnels, les femmes sont intuitives ; chez les hommes dominé l'hémisphère gauche, chez les femmes l'hémisphère droit... Elles se manifestent aussi dans l'ordre du discours comme le montre de façon précise Serge Leclaire dans le chapitre intitulé « Béatrice » de *On tue un enfant* (Paris, Seuil, 1975, p. 25-50).

aucune spécificité, ni anatomique ni endocrinienne. Ce que l'on retrouve au fondement du couple formé de la domination (emprise) et de la soumission (renoncement), ressortit à un tout autre couple que la différence anatomique (ou la différence endocrinienne) entre les sexes : très précisément au couple attachement-*retrieval,* c'est-à-dire à un couple conceptuel qui se définit *en dehors de toute référence à un sexe anatomique.*

L'attachement comme le *retrieval* ne sont pas sexués. Ils caractérisent et structurent la relation enfant-adulte. La description complète du processus d'alliance par exclusion supposerait de procéder à l'analyse du comportement de soumission : celui du partenaire qui se soumet à ce que le sujet impose. Or, ici, l'usage de la force, même s'il est, comme je l'ai indiqué, très fréquent, ne peut expliquer à lui seul la soumission du partenaire. Celle-ci ne peut, en fin de compte, s'expliquer que par un consentement à subir la domination et par les bénéfices de ce consentement, à savoir les satisfactions qu'il donne par la soumission même à la part de fonctionnement psychique qui, chez le partenaire cette fois, relève aussi de l'attachement.

En se soumettant, le partenaire se fait objet indispensable au sujet qui domine. Certes, par son comportement de soumission, il suscite la tyrannie, mais dans le même mouvement il s'attache à son tour le sujet pour son propre compte avec la même obstination que ce dernier déploie, en sens inverse, pour s'attacher le partenaire. C'est pourquoi le consentement à laisser souffrir et le consentement à se laisser souffrir font partie, au même titre que la domination, de la *Bemächtigungstrieb,* ce sur quoi insistait Jacques Derrida dans la conférence qu'il donna en juillet 2000 aux États généraux de la psychanalyse[1].

1. J. Derrida, « Pulsion de mort, cruauté et psychanalyse », *Le Monde,* 9-10 juillet 2000, p. 11.

Si les déchaînements de la pulsion d'emprise n'occasionnent pas toujours la déstabilisation du clivage et la crise, ce n'est pas seulement grâce à l'alliance par exclusion entre deux subjectivités, c'est aussi grâce à la contention des contradictions que permet le recours à l'imaginaire social (système conscient). Ces interprétations données de l'extérieur, reprises sous forme de rationalisations, protègent le sujet du conflit intrapsychique entre les effets de deux inconscients (l'inconscient refoulé et l'inconscient proscrit) que tout oppose et lui permettent de faire l'économie de penser et perlaborer le conflit. Ce serait grâce à ce montage que tant de sujets parviendraient à éviter de penser une partie de leur propre comportement et à apporter sans encombre leur participation à des conduites qui sont en contradiction radicale avec leur idéal et avec l'idée qu'ils se font d'eux-mêmes.

Reste que certains sujets ne parviennent pas à faire tenir ce clivage, en particulier lorsque la rencontre intersubjective transgresse l'alliance par exclusion, ou que le partenaire, en se dérobant (rupture sentimentale, décès, naissance d'un enfant), dénonce l'alliance. Ils risquent alors l'expérience de la décompensation.

D'autres enfin parviennent quand même à remettre en cause le clivage, sans pour autant décompenser. Le coût minimum de la perlaboration est la souffrance morale et l'angoisse de mettre le corps érotique en danger. Les deux formes principales de perlaboration qui permettent de gagner du terrain sur le clivage en déplaçant progressivement la barre de celui-ci vers la droite de la géographie topique – c'est-à-dire qui permettent la réintégration d'une partie de l'inconscient amential dans l'inconscient sexuel – sont la perlaboration par le rêve et la sublimation. Elles rendent électivement possibles la reprise et la capitalisation du processus de subversion libidinale là où il avait été interrompu dans l'enfance.

*
* *

Les remaniements proposés ici ne remettent pas en cause le principe théorique d'une troisième topique centrée sur le clivage de l'inconscient. Ils permettent de mieux préciser la genèse de ce clivage à partir de deux processus qui s'achèvent respectivement par le refoulement (inconscient sexuel) et la « proscription » (inconscient amential). Entre ces deux inconscients, il n'y a pas de succession temporelle (ou génétique). L'inconscient proscrit ne serait pas plus archaïque que l'inconscient refoulé. Et, contrairement à ce que j'avais écrit en 1986, l'inconscient amential ne serait pas plus naturel que l'inconscient sexuel (supposément plus culturel). Tous deux seraient formés en même temps ; tous deux seraient construits ; tous deux seraient héritiers de l'histoire des relations entre l'enfant et l'adulte ; tous deux, enfin, trouveraient leur origine dans la rencontre entre le corps de l'enfant et la sexualité de l'adulte.

Toutefois, si la sexualité de l'adulte domine le jeu des relations avec l'enfant, nous pensons utile de distinguer deux manières différentes dont le sexuel adulte s'implante dans le corps de l'enfant : l'une fonctionne comme une séduction structurante, l'autre comme une proscription atrophiante ; l'une fonctionne comme adresse d'un message, l'autre comme arrêt imposé à la pensée ; l'une compromet ou gauchit la communication entre l'enfant et l'adulte, l'autre l'interrompt ; l'une fait de l'enfant un herméneute, l'autre le maintient dans l'attachement. En d'autres termes, nous nous efforçons, avec la topique du clivage, d'argumenter les limites de la séduction généralisée même si, en fin de compte, cette dernière garde le rôle principal dans l'avènement de la subjectivité.

Les enjeux théoriques de la troisième topique étaient au nombre de deux : comprendre comment s'organisent les rapports entre le corps biologique et le corps érotique ; rassembler quelques éléments pour former une conception psychanalytique du sens moral. On aura compris que les conditions psychiques de l'accès au sens éthique se situent au niveau du clivage et de son éventuelle évolution. Le clivage, en effet, est ce qui permet au sujet de « s'arranger » avec l'éthique, c'est-à-dire d'éviter l'épreuve affective de l'éthique. Grâce au clivage, la discussion éthique peut rester un exercice intellectuel sans conséquence subjective. Tout le chemin que propose Jean Laplanche à travers la relecture de la névrose obsessionnelle et de la mélancolie se parcourt sans aucune référence aux valeurs ni à l'éthique. Les crises « morales » avec lesquelles se débattent aussi bien l'obsessionnel que le mélancolique n'ont strictement aucun rapport avec l'éthique au sens qu'a ce concept en philosophie. Laplanche montre qu'il n'est ici question que des « sentiments moraux » (la honte et la culpabilité), ce qui est bien différent du « sens moral ».

Par ailleurs, Freud ne s'est pas véritablement affronté au problème de l'éthique. Dans *Considérations actuelles sur la mort et sur la guerre*, il fait état d'un profond scepticisme à l'égard d'un quelconque progrès moral de l'humanité. Nous ne pouvons évidemment, après ce que nous a légué l'histoire du XXe siècle, que souscrire à ce point de vue. Certains auteurs, après Freud, ont été tentés de considérer que si le sens moral échoue, c'est parce qu'il se heurte à la pulsion de mort, mais ils admettent alors, presque tous, que violence et pulsion de mort sont synonymes. À vrai dire en poussant la théorie freudienne jusqu'à ses extrémités, on serait plutôt tenté de conclure que non seulement la théorie psychanalytique n'est pas directement concernée par les questions morales et politiques, mais qu'elle plaide pour l'absence de fondement psychique du sens moral.

Le sexuel en effet n'a que faire de la morale, il n'a à en découdre qu'avec l'excitation et le plaisir. Quant à la culpabilité, Freud explique dans *Malaise dans la culture* qu'elle serait plutôt liée à la peur de perdre l'amour des parents. En d'autres termes, elle signerait bien davantage une dépendance affective qui perdure vis-à-vis des parents, ce dont la névrose est la preuve, qu'elle ne témoignerait d'une émancipation par rapport à eux et d'une capacité à user librement de son corps et de sa pensée.

Le clivage est d'une tout autre nature : il épargne précisément la culpabilité en permettant au sujet d'échapper au conflit entre exercice de l'emprise et de la tyrannie d'une part, relation à l'objet total d'autre part. L'emprise, dans certaines conditions (d'alliance), peut se déployer sans devenir exigence de travail pour le psychisme. S'exerçant en l'absence de refoulement, elle peut en effet agir sans réplique dans le préconscient, c'est-à-dire à l'insu du sujet (clivage), donc sans conflit.

La conclusion que suggère la référence à la troisième topique est paradoxale : le sexuel est par nature a-moral et pourtant l'accès au sens moral dépendrait, en fin de compte, des possibilités de développement du potentiel sexuel (érogène). La reconnaissance de l'autre, comme subjectivité absolue, n'est possible qu'à proportion de la reconnaissance par le sujet de sa propre subjectivité. De l'amour de soi, à commencer par l'amour de son propre corps, dépend la sensibilité à l'égard de la subjectivité de l'autre et de ce qu'elle implique dans l'ordre des relations amoureuses. Une autre façon en somme de retrouver, à l'origine même du sens moral, le primat du corps érogène et de ce qui en permet le développement : la subversion libidinale de la fonction d'attachement.

BIBLIOGRAPHIE

AJURIAGUERRA J. de, DIATKINE R., GARCIA-BADARACCO J., « Psychanalyse et neurobiologie », *Psychanalyse aujourd'hui*, 2, 1956, p. 437-498.

ANZIEU D., « Les signifiants formels et le moi-peau », *in* D. Anzieu (dir.), *Les Enveloppes psychiques*, Paris, Dunod, 1987, p. 1-22.

BOUCHARD R. et coll., *L'Épilepsie essentielle de l'enfant*, Paris, PUF, 1975.

BOURGUIGNON A., « Propos sur le rêve, la cataplexie et l'épilepsie : voie motrice et voie psychique », *L'Évolution psychiatrique*, 36, 1971, p. 1-11.

BOWLBY J., *Attachement et perte. I : L'attachement*, Paris, PUF, 1978.

BOWLBY J., *Attachement et perte. II : La séparation : angoisse et colère*, Paris, PUF, 1978.

BRANCART J., TALAIRACH M., BORDAS-FERRES M., AUBERT J.-L., MARCHAND H., « Les crises épileptiques au cours du sommeil de nuit », in *Le Sommeil de nuit normal et pathologique*, Paris, Masson, 1965, p. 255-274.

BRAUNSCHWEIG D., FAIN M., *La Nuit, le Jour. Essai sur le fonctionnement mental*, Paris, PUF, 1975.

BRAUNSCHWEIG D., « Psychosomatique et Psychanalyse », *in* M. Fain, C. Dejours, *Corps malade et corps érotique*, Paris, Masson, 1984, p. 116-122.

BROCH S., WIESEL B., « The Narcoleptic-Cataplectic Syndrom », *J. Nerv. Ment. Dis.*, 94, 1941, p. 759-764.

BROWNING C., *Des hommes ordinaires. Le 101e bataillon de réserve de la police allemande et la solution finale en Pologne*, Paris, Les Belles Lettres, 1994.

CLÉRAMBAULT DE G.-C., *La Passion des étoffes chez un neuropsychiatre*, Paris, Solin, 1981.

CONSOLI S., « Relation spéculaire et comitialité », *L'Évolution psychiatrique*, 42, 1977, p. 63-71.

DAGOGNET F., *Faces, surfaces et interfaces*, Paris, Vrin, 1982.

DAVIDSON D., « Mental Events », *in* L. Forster, J. W. Swanson (dir.), *Experience and Theory*, Amherst, University of Massachusetts Press, 1970, p. 79-101, trad. fr. *in* M. Neuberg, *Théorie de l'action*, Liège, Mardaga.

DAVOINE F., GAUDILLIÈRE J.-M., « À propos d'Amae », *Critique*, 428-429, 1983, p. 55-60.

DEJOURS C., ASSAN R., TASSIN J.-P, « Fonctionnement mental, hiérarchie fonctionnelle de l'encéphale et gluco-régulation », *L'Encéphale*, 9, 1983, p. 73-89.

DEJOURS C., *Travail : usure mentale. Essai de psychopathologie du travail*, Paris, Centurion, 1980.

DEJOURS C., « Symbolizing Somatizations », *in* A. Krakowski, C. Kimball, *Psychosomatic medecine. Theoretical, Clinical and Transcultural Aspects*, New York, Plenum Publishing Corporation, 1983, p. 439-446.

DEJOURS C., « Avant-propos », *in* M. Fain, C. Dejours,

Corps malade et corps érotique, Paris, Masson, 1984, p. VII-XIV.

DEJOURS C., « Violence et somatisation : deux techniques dans le traitement psychanalytique des malades somatiques », *in* A. Amyot, J. Leblanc, W. Reid, *Psychiatrie-Psychanalyse*, Montréal (Québec), Gaëtan Morin, 1985, p. 119-138.

DEJOURS C., *Le Corps entre biologie et psychanalyse*, Paris, Payot, 1986 (épuisé).

Dejours C., « Le corps érogène entre délire et somatisation », *Psychiatries*, 80-81, 1987, p. 13-20.

DEJOURS C., *Recherches psychanalytiques sur le corps. Répression et subversion en psychosomatique*, Paris, Payot, 1989.

DEJOURS C., « La corporéité entre psychosomatique et sciences du vivant », *in* I. Billiard (dir.), *Somatisation. Psychanalyse et sciences du vivant*, Paris, Eshel, 1994, p. 93-122.

DEJOURS C., « Doctrine et théorie en psychosomatique », *Revue française de psychosomatique*, 7, 1995, p. 59-80.

DEJOURS C., *L'Évaluation analytique du passé psychanalytique*, Séminaire de perfectionnement de la Société psychanalytique de Paris, Paris, Institut de Psychanalyse, 1998, p. 22-31.

DEJOURS C., « Psychanalyse et morale sexuelle », *in* S. Bateman, *Morale sexuelle*, Actes du séminaire du CERSES-CNRS, volume 2, Paris, 2001.

DEMENT W. C., *Dormir, rêver*, Paris, Seuil, 1981.

DERRIDA J., « Pulsion de mort, cruauté et psychanalyse », *Le Monde*, 9-10 juillet 2000, p. 11.

DOREY R., « Le lien d'engendrement », *Nouv. Rev. Psychanalyse*, 28, 1983, p. 209-228.

DUNBAR H. F., *Mind and Body. Psychosomatic Medicine*, New York, Random House, 1955.

ENRIQUEZ M., « Intervention », *Topique*, 30, 1982, p. 80-85.

ENRIQUEZ M., « L'analysant parasite », *Topique*, 23, 1979, p. 37-54.

FAIN M., « Vers une conception psychosomatique de l'inconscient », *Rev. franç. psychanal.*, 45, 1981, p. 281-292.

FREUD S., *L'Interprétation des rêves* (1900).

FREUD S., *Trois essais sur la théorie sexuelle* (1907).

FREUD S., « D'un type particulier de choix objectal chez l'Homme » (1910).

FREUD S., « Conception psychanalytique des troubles visuels d'origine psychique » (1910).

FREUD S., « Complément métapsychologique à la théorie du rêve » (1915).

FREUD S., « Pulsions et destins de pulsions » (1915).

FREUD S., « Au-delà du principe de plaisir » (1920).

FREUD S., « Le Moi et le Ça » (1923).

FREUD S., « La perte de la réalité dans la névrose et dans la psychose » (1924).

FREUD S., *Malaise dans la civilisation* (1930).

GANTHERET F., LAPLANCHE J., LECLAIRE S., « Biologie et psychanalyse », *Psychanalyse à l'Université*, 7, 1982, p. 533-560.

GEORGE F., *L'Effet y'au de poêle*, Paris, Hachette, 1979.

GOODENOUGH D. R. *et al.*, « Repression, interference and Field Dependance as Factors in Dream Forgetting », *J. Abnorm. Psychol.*, 83, 1974, p. 32-44.

GUEDENEY C., KIPMAN S.-D., « Contribution psychiatrique et psychanalytique à l'étude des premières manifestations de l'épilepsie essentielle chez l'enfant », *in* R. Bouchard et coll., *L'Épilepsie essentielle de l'enfant*, Paris, PUF, p. 75-152.

HENRY M., *Philosophie et phénoménologie du corps*, Paris, PUF, 1965.

HENRY M., *Généalogie de la psychanalyse*, Paris, PUF, 1985.

HENRY M., *Phénoménologie matérielle*, Paris, PUF, 1990.

HERZBERG-POLONIECKA R., « Périple en psychosomatique à la lumière des symptômes », *in* M. Fain, C. Dejours, *Corps malade et corps érotique*, Paris, Masson, 1984, p. 88-100.

JOUVET M., « Le comportement onirique », *Pour la Science* (numéro spécial sur « Le cerveau »), 1979, p. 136-153.

JOUVET M., « Le rêve », *La Recherche*, numéro sur « La recherche en neurobiologie », Paris, Seuil, 1977, p. 125-164.

KOULACK D., « Rapid Eye Movements and Visual Imagery During Sleep », *Psychol. Bull.*, 78, 1972, p. 155-158.

KRAFFT-EBING R., *Psychopathia sexualis*, Stuttgart, Ferdinand Enke Verlag, 1912.

KRETSCHMER E., ENKE W., *Die Persönlichkeit der Athletiker*, Leipzig, Thieme, 1936.

LACAN J., *Les Quatre Concepts fondamentaux de la psychanalyse* (1964), Paris, 1973.

LACAN J., *Les Formations de l'inconscient. Séminaire 1957-1958, Livre V*, Paris, Seuil, 1973.

LAPLANCHE J., « Surinterprétation », *in* J. Laplanche, J.-B. Pontalis, *Vocabulaire de la psychanalyse*, Paris, PUF, 1967, p. 469-470.

LAPLANCHE J., *Vie et mort en psychanalyse*, Paris, Flammarion, 1970.

LAPLANCHE J., « La soi-disant pulsion de mort : une pulsion sexuelle », *Adolescence*, 15, 1997, p. 205-224.

LAPLANCHE J., *Le Fourvoiement biologisant de la*

sexualité chez Freud, Paris, Les Empêcheurs de Penser en Rond, 1999.

LAPLANCHE J., « Sublimation et/ou inspiration », in *Entre séduction et inspiration : l'homme*, Paris, PUF, 1999, p. 301-338.

LE BEUF J., « Au-delà des névroses actuelles », communication à la Société psychanalytique de Montréal, avril 1976.

LECLAIRE S., *On tue un enfant*, Paris, Seuil, 1975.

LEGENDRE P., *Jouir du pouvoir. Traité sur la bureaucratie patriote*, Paris, Minuit, 1976.

LEGENDRE P., *La Fabrique de l'homme occidental*, Paris, Arte/Mille et Une Nuits, 1996.

LE GOFF J., *L'Imaginaire médiéval*, Paris, Gallimard, 1985.

LE GOFF J., *La Bourse et la Vie. Économie et religion au Moyen Âge*, Paris, Hachette, 1986.

MARGOLIN S. G., « La signification du terme de "psychogenèse" dans les symptômes organiques », *L'Évolution psychiatrique*, 18, 1953, p. 371-386.

MARTY P., M'UZAN M. de, DAVID C., *L'Investigation psychosomatique*, Paris, PUF, 1963.

MARTY P., M'UZAN M. de, « La pensée opératoire », *Rev. franç. psychanal.*, 27 (numéro spécial), 1963, p. 345-355.

MARTY P., FAIN M., M'UZAN M. de, DAVID C., « Le cas Dora et le point de vue psychosomatique », *Revue française de psychanalyse*, 32, 1968, p. 679.

MARTY P., « La dépression essentielle », *Rev. franç. psychanal.*, 32, 1968, p. 594-599.

MARTY P., *Mouvements individuels de vie et de mort*, Paris, Payot, 1976.

MARTY P., *La Mentalisation*, Paris, Les Empêcheurs de Penser en Rond, 1994.

MENDEL G., *La Psychanalyse revisitée*, Paris, La Découverte, 1988.

MEYNERT T., *Klinische Vorlesungen über Psychiatrie auf Wissenschaftlichen Grundlagen, für Studierende und Ärzte, Juristen und Psychologen* (1890), Braumüller, trad. fr. *in* C. Lévy-Friesacher, *Meynert-Freud : l'amentia*, Paris, PUF, 1983, p. 60-166.

MILLER J.-A., « Quelques réflexions sur le phénomène psychosomatique », *Analytica*, 48, 1986, p. 113-126.

MINKOWSKA F., « La constitution épileptoïde et le trouble générateur de l'épilepsie essentielle », *L'Évolution psychiatrique*, 5, 1932, p. 69-79.

MISSRIEGLER A., résumé *in* B. Krapman, « On the Psychogenesis of Narcolepsy. Report of a Case by Psychoanalysis », *I. Nerv. Ment. Dis.*, 93, 1941, p. 141-162.

M'UZAN G. de, « Différentes modalités d'interprétation dans la cure de relaxation en psychosomatique », *in* M. Fain, C. Dejours, *Corps érotique et corps malade*, Paris, Masson, 1984, p. 77-87.

NEYRAUT-SUTTERMAN T., *À propos de la psychanalyse d'un cas d'épilepsie. Mémoire de candidature à la Société psychanalytique de Paris*, texte ronéo, Paris, 1977.

PANKOW G. *et al.*, *Vingt-cinq années de psychothérapie analytique des psychoses*, Paris, Aubier-Montaigne, 1984.

PARAT C., « Réflexions et questions », *IIe journée d'étude de l'Institut de psychosomatique*, Paris, 19 février 1983.

ROCHE D., BLONLAC B., VINCENT J.-C., « La narcolepsie », *Confrontations psychiatriques*, 15, 1977, p. 173-192.

ROFFWARG H. P. *et al.*, « Dream imagery : Relationship to Rapid Eye Movements of Sleep », *Arch. Gen. Psychiatry*, 7, 1962, p. 235-258.

STOLLER R. J., *La Perversion, forme érotique de la haine*, Paris, Payot, 2000.

STOLLER R. J., *L'Excitation sexuelle. Dynamique de la vie érotique*, Paris, Payot, 2000.

TASSIN J.-P., « Le rêve naît de l'éveil », *Journal des psychologues*, 173, 1999, p. 54-61.

THURIN J.-M., « Psychosomatique », *Psychiatries*, numéro spécial, 1989, p. 87-88.

VALABREGA J.-P., *Les Théories psychosomatiques*, Paris, PUF, 1954.

VALABREGA J.-P., « Problèmes de théorie psychosomatique », *Encyclopédie médico-chirurgicale*, 37400 C^{10}, 1966.

VALAS P., « Horizons de la psychosomatique », *Analytica*, 48, 1986, p. 87-112.

VOGEL G., « Studies in Psychophysiology of Dreams », *Arch. Gen. Psychiatry*, 3, 1960, p. 421-428.

TABLE

Impression réalisée sur CAMERON par

BUSSIÈRE CAMEDAN IMPRIMERIES

GROUPE CPI

à Saint-Amand-Montrond (Cher)
pour le compte des Éditions Payot & Rivages
en février 2001

N° d'impression : 011049/1.
Dépôt légal : mars 2001.

Imprimé en France

ISBN 2-228-89397-8